Capote · Kindergeschichten

TRUMAN CAPOTE

Kindergeschichten

Langen Müller

»Eine Weihnachts-Erinnerung«
(A Christmas Memory, ersch. 1966 bei Random House, New York)
wurde ins Deutsche übertragen von Elisabeth Schnack,
»Chrysanthemen sind wie Löwen«
(The Thanksgiving Visitor, ersch. 1968 bei Random House, New York)
von Ingeborg Müller.
Die Erzählungen »Der silberne Krug« und »Kindergeburtstag«
aus dem Band »Baum der Nacht«
(A Tree of Night, ersch. 1949 bei Random House, New York)
übertrug Liselotte Fassbinder.

Lizenzausgabe für Albert Langen · Georg Müller Verlag GmbH.
Umschlaggestaltung: Christel Aumann, München
Gesamtherstellung: Mohndruck Reinhard Mohn OHG, Gütersloh
Printed in Germany 1976
ISBN 3-7844-1634-9

Inhalt

Eine Weihnachts-Erinnerung

FÜR CATHERINE WOOD

Stellt euch einen Morgen gegen Ende November vor! Das Heraufdämmern eines Wintermorgens vor mehr als zwanzig Jahren. Denkt euch die Küche eines weitläufigen alten Hauses in einem Landstädtchen. Ein großer schwarzer Kochherd bildet ihren wichtigsten Bestandteil, aber auch ein riesiger runder Tisch und ein Kamin sind da, vor dem zwei Schaukelstühle stehen. Und gerade heute begann der Kamin sein zur Jahreszeit passendes Lied anzustimmen.

Eine Frau mit kurzgeschorenem weißem Haar steht am Küchenfenster. Sie trägt Tennisschuhe und einen formlosen grauen Sweater über einem sommerlichen Kattunkleid. Sie ist klein und behende wie eine Bantam-Henne; aber infolge einer langen Krankheit in ihrer Jugend sind ihre Schultern kläglich verkrümmt. Ihr Gesicht ist auffallend: dem Lincolns nicht unähnlich, ebenso zerklüftet und von Sonne und Wind gegerbt; aber es ist auch zart, von feinem Schnitt, und die Augen

sind sherryfarben und scheu. »O je«, ruft sie aus, daß die Fensterscheibe von ihrem Hauch beschlägt, »es ist Früchtekuchen-Wetter!«
Der, zu dem sie spricht, bin ich. Ich bin sieben. Sie ist sechzig und noch etwas darüber. Wir sind Vetter und Base, zwar sehr entfernte, und leben zusammen seit – ach, solange ich denken kann. Es wohnen noch andere Leute im Haus, Verwandte; und obwohl sie Macht über uns haben und uns oft zum Weinen bringen, merken wir im großen und ganzen doch nicht allzuviel von ihnen. Wir sind jeder des andern bester Freund. Sie nennt mich Buddy, zum Andenken an einen Jungen, der früher mal ihr bester Freund war. Der andere Buddy starb in den achtziger Jahren, als sie noch ein Kind war. Sie ist noch immer ein Kind. »Ich wußte es, noch eh' ich aus dem Bett stieg«, sagt sie und kehrt dem Fenster den Rücken. Ihre Augen leuchten zielbewußt. »Die Glocke auf dem Gericht hallte so kalt und klar. Und kein Vogel hat gesungen; sind vermutlich in wärmere Länder gezogen. O Buddy, hör auf, Biskuits zu futtern, und hol unser Wägelchen! Und hilf mir, meinen Hut suchen! Wir müssen dreißig Kuchen backen.«
So ist es immer: jedes Jahr im November dämmert ein Morgen herauf, und meine Freundin verkündet – wie um die diesjährige Weihnachtszeit feier-

lich zu eröffnen, die ihre Phantasie befeuert und die Glut ihres Herzens nährt –: »Es ist Früchtekuchen-Wetter! Hol unser Wägelchen! Hilf mir meinen Hut suchen!«

Der Hut findet sich: ein Wagenrad aus Stroh, geschmückt mit Samtrosen, die in Luft und Licht verblaßten; er gehörte einmal einer eleganteren Verwandten. Zusammen ziehen wir unser Wägelchen, einen wackeligen Kinderwagen, aus dem Garten und zu einem Gehölz von Hickory-Nußbäumen. Das Wägelchen gehört mir, das heißt, es wurde für mich gekauft, als ich auf die Welt kam. Es ist aus Korbgeflecht, schon ziemlich aufgeräufelt, und die Räder schwanken wie die Beine eines Trunkenbolds. Doch ist es ein treuer Diener; im Frühling nehmen wir es mit in die Wälder und füllen es mit Blumen, Kräutern und wildem Farn für unsere Verandatöpfe; im Sommer häufen wir es voller Picknicksachen und Angelruten aus Zukkerrohr und lassen es zum Ufer eines Flüßchens hinunterrollen; auch im Winter findet es Verwendung: als Lastwagen, um Feuerholz vom Hof zur Küche zu befördern, und als warmes Bett für Queenie, unsern zähen kleinen rotweißen rattenfangenden Terrier, der die Staupe und zwei Klapperschlangenbisse überstanden hat. Queenie trippelt jetzt neben uns einher.

Drei Stunden darauf sind wir wieder in der Küche und entkernen eine gehäufte Wagenladung Hikkory-Nüsse, die der Wind heruntergeweht hat. Vom Aufsammeln tut uns der Rücken weh: wie schwer sie unter dem welken Laub und im frostfahlen, irreführenden Gras zu finden waren! (Die Haupternte war schon von den Eigentümern des Wäldchens – und das sind wir nicht –, von den Bäumen geschüttelt und verkauft worden.) Krick-kräck! Ein lustiges Krachen, wie lauter Zwergen-Donnerschläge, wenn die Schalen zerbrechen und der goldene Hügel süßen, fetten sahnefarbenen Nußfleisches in der Milchglasschüssel höhersteigt. Queenie bettelt um einen Kosthappen, und hin und wieder gönnt meine Freundin ihr verstohlen ein Krümchen, wenn sie auch beteuert, daß wir's nicht entbehren können. »Wir dürfen's nicht, Buddy! Wenn wir mal damit anfangen, nimmt's kein Ende. Und wir haben fast nicht genug. Für dreißig Früchtekuchen!« In der Küche dunkelt es. Die Dämmerung macht aus dem Fenster einen Spiegel: unsre Spiegelbilder, wie wir beim Feuerschein vor dem Kamin arbeiten, mischen sich mit dem aufgehenden Mond. Endlich, als der Mond schon sehr hoch steht, werfen wir die letzte Nußschale in die Glut und sehen gemeinschaftlich seufzend zu, wie sie Feuer fängt. Das

Wägelchen ist leer, die Schüssel ist bis zum Rande voller Nußkerne.
Wir essen unser Abendbrot (kalte Biskuits, Brombeermus und Speck) und besprechen den nächsten Tag. Morgen beginnt der Teil der Arbeit, der mir am besten gefällt: das Einkaufen. Kandierte Kirschen und Zitronen, Ingwer und Vanille und Büchsen-Ananas aus Hawaii, Orangeat und Zitronat und Rosinen und Walnüsse und Whisky und, oh, was für eine Unmenge Mehl und Butter, und so viele Eier und Gewürze und Aroma – jemine!, wir brauchen wohl gar ein Pony, um das Wägelchen nach Hause zu ziehen!
Doch ehe die Einkäufe gemacht werden können, muß die Geldfrage gelöst werden. Wir haben beide keins, abgesehen von kläglichen Summen, mit denen uns die Leute aus dem Haus gelegentlich versehen (ein Zehner gilt schon als sehr viel Geld), oder von dem, was wir auf mancherlei Art selbst verdienen, indem wir einen Ramsch-Verkauf veranstalten oder Eimer voll handgepflückter Brombeeren und Gläser mit hausgemachter Marmelade, mit Apfelgelee und Pfirsichkompott verkaufen oder für Begräbnisse und Trauungen Blumen pflücken. Mal haben wir auch bei einem nationalen Fußball-Toto den neunundsiebzigsten Preis gewonnen, fünf Dollar! Nicht etwa, daß wir

auch nur eine blasse Ahnung vom Fußball hätten! Es ist vielmehr so, daß wir einfach bei jedem Wettbewerb mitmachen, von dem wir hören. Augenblicklich richtet sich all unsre Hoffnung auf das große Preisausschreiben, bei dem man fünfzigtausend Dollar für den Namen einer neuen Kaffeesorte gewinnen kann (wir schlugen A.M.* vor, und nach einigem Zaudern – denn meine Freundin fand es möglicherweise frevelhaft –, den Slogan *A. M. = Amen!*). Unser einziges wirklich einträgliches Unternehmen war, um die Wahrheit zu gestehen, das Unterhaltungs- und Monstrositäten-Kabinett, das wir vor zwei Jahren in einem Holzschuppen auf dem Hof eröffnet hatten. Die Unterhaltung lieferte ein Stereoskop mit Ansichten aus Washington und New York, das uns eine Verwandte geliehen hatte, die dortgewesen war (als sie entdeckte, weshalb wir es geborgt hatten, wurde sie wütend); in der Monstrositäten-Abteilung hatten wir ein Küken mit drei Beinen, das eine von unsern eigenen Hennen ausgebrütet hatte. Jeder aus der ganzen Gegend wollte das Küken sehen: wir verlangten von Erwachsenen einen Nikkel und von Kindern zwei Cent und nahmen gute zwanzig Dollar ein, ehe das Kabinett infolge Ablebens seiner Haupt-Attraktion schließen mußte.

* a.m. = ante meridiem = vormittags

Irgendwie jedoch sparen wir jedes Jahr unser Weihnachtsgeld zusammen, in einer Früchtekuchen-Kasse. Wir bewahren das Geld in einem Versteck auf: in einer alten, perlenbestickten Geldbörse, unter einer losen Diele, unter dem Estrich, unter dem Nachttopf, unter dem Bett meiner Freundin. Die Geldbörse wird selten aus dem sicheren Gewahrsam hervorgeholt, es sei denn, um eine Einlage zu machen oder, wie es jeden Samstag vorkommt, um etwas abzuheben; denn samstags darf ich zehn Cent haben, um ins Kino zu gehen. Meine Freundin ist noch niemals in einem Kino gewesen und hat auch nicht die Absicht, je hinzugehen. »Lieber laß ich mir die Geschichte von dir erzählen, Buddy! Dann kann ich's mir viel schöner ausmalen. Außerdem muß man in meinem Alter mit seinem Augenlicht schonend umgehen. Wenn der HERR kommt, möcht' ich IHN deutlich erkennen.« Aber nicht nur, daß sie nie in einem Kino war: sie hat auch nie in einem Restaurant gegessen, ist nie weiter als zehn Kilometer von zu Hause fort gewesen, hat nie ein Telegramm erhalten oder abgeschickt, hat nie etwas anderes gelesen als das Witzblatt und die Bibel, hat sich nie geschminkt, hat nie geflucht, nie jemandem etwas Böses gewünscht, nie absichtlich gelogen und nie einen hungrigen Hund von der Türe gescheucht.

Und nun ein paar von den Dingen, die sie getan hat und noch tut: mit einer Hacke die größte Klapperschlange totgeschlagen, die man jemals hierzulande gesehen hat (mit sechzehn Klappern), nimmt Schnupftabak (heimlich), zähmt Kolibris (versucht's nur mal!), bis sie ihr auf dem Finger balancieren, erzählt Geistergeschichten (wir glauben beide an Geister), aber so gruselige, daß man im Juli eine Gänsehaut bekommt, hält Selbstgespräche, geht gern im Regen spazieren, zieht die schönsten Japonikas der Stadt und kennt das Rezept für jedes alte indianische Hausmittel, auch den Warzen-Zauber.

Jetzt, nach beendetem Abendbrot, ziehen wir uns in einen abgelegenen Teil des Hauses in das Zimmer zurück, in dem meine Freundin in einem eisernen Bett schläft, das in ihrer Lieblingsfarbe Rosa gestrichen und mit einer bunten Flickerlsteppdecke zugedeckt ist. Stumm und in Verschwörerwonnen schwelgend, holen wir die Perlenbörse aus ihrem geheimen Versteck und schütten ihren Inhalt auf die Flickerldecke: Dollarscheine, fest zusammengerollt und grün wie Maiknospen; düstere Fünfzig-Cent-Stücke, schwer genug, um einem Toten die Lider zu schließen; hübsche Zehner, die munterste Münze, eine, die wirklich silbern klingelt; Nickel und

Vierteldollars, glattgeschliffen wie Bachkiesel; aber hauptsächlich ein hassenswerter Haufen bitter riechender Pennies. Im vergangenen Sommer verpflichteten sich die andern im Haus, uns für je fünfundzwanzig totgeschlagene Fliegen einen Penny zu zahlen. Oh, welch Gemetzel im August: wieviel Fliegen flogen in den Himmel! Doch es war keine Beschäftigung, auf die man stolz sein konnte. Und während wir jetzt dasitzen und die Pennies zählen, ist es uns, als ob wir wieder Tote-Fliegen-Tabellen aufstellten. Wir haben beide keinen Zahlensinn: wir zählen langsam, kommen durcheinander und müssen wieder von vorn anfangen. Aufgrund ihrer Berechnungen haben wir zwölf Dollar dreiundsiebzig. Aufgrund meiner genau dreizehn Dollar. »Hoffentlich hast du dich verzählt, Buddy! Mit dreizehn können wir nichts anfangen. Dann gehen uns die Kuchen nicht auf. Oder jemand stirbt daran. Wo es mir doch nicht im Traum einfallen würde, am Dreizehnten aufzustehen!« Es ist wahr: den Dreizehnten jeden Monats verbringt sie im Bett. Um also ganz sicher zu gehen, nehmen wir einen Penny und werfen ihn aus dem Fenster.

Von den Zutaten, die wir für unsere Früchtekuchen brauchen, ist Whisky am teuersten, und er ist auch am schwierigsten zu beschaffen. Das Gesetz verbietet den Verkauf in unserem Staat. Doch jedermann weiß, daß man bei Mr. Haha Jones eine Flasche kaufen kann. Und am folgenden Tag, nachdem wir unsere prosaischeren Einkäufe gemacht haben, begeben wir uns zu Mr. Hahas Geschäftslokal, einem nach Ansicht der Leute »lasterhaften« Fischrestaurant und Tanzcafé unten am Fluß. Wir sind schon früher dort gewesen, und um das gleiche zu besorgen; doch in den voraufgegangenen Jahren hatten wir mit Hahas Frau zu tun, einer jodbraunen Indianerin mit messinggelb gebleichtem Haar, die stets todmüde ist. Ihren Mann haben wir noch nie zu Gesicht bekommen, obwohl wir gehört haben, daß er auch ein Indianer ist. Ein Riese mit tiefen Rasiermessernarben auf beiden Backen. Er wird »Haha« genannt, weil er so düster ist – ein Mann, der nie lacht. Je mehr wir uns seinem Café nähern (einer großen Blockhütte, die innen und außen mit grellbunten Ketten nackter elektrischer Birnen bekränzt ist und am schlammigen Flußufer steht, im Schatten von Uferbäumen, durch deren Zweige die Flechten wie graue Nebel wehen), um so langsamer werden unsere Schritte. Sogar Queenie hört auf zu springen und geht bei Fuß. In Hahas Café sind schon Leute ermordet worden. Aufgeschlitzt. Den Schädel eingeschlagen. Im nächsten Monat wird wieder ein

Fall vor Gericht verhandelt. Natürlich ereignen sich solche Vorfälle in der Nacht, wenn die bunten Lämpchen verrückte Muster bilden und das Grammophon winselt. Am Tage ist Hahas Café schäbig und öde. Ich klopfe an die Tür, Queenie bellt, und meine Freundin ruft: »Mrs. Haha, Ma'am? Ist jemand da?«

Schritte. Die Tür geht auf. Das Herz bleibt uns stehen. Es ist Mr. Haha Jones persönlich! Und er ist tatsächlich ein Riese; er hat tatsächlich Narben; er lächelt tatsächlich nicht. Nein, aus schrägstehenden Satansaugen stiert er uns finster an und begehrt zu wissen: »Was wollt ihr von Haha?«

Einen Augenblick sind wir zu betäubt, um zu sprechen. Dann findet meine Freundin ihre Stimme wieder, bringt aber nicht mehr als ein Flüstern zustande: »Bitte schön, Mr. Haha, wir möchten gern ein Liter von Ihrem besten Whisky!«

Seine Augen werden noch schräger. Nicht zu glauben: Haha lächelt: Er lacht sogar! »Wer von euch beiden ist denn fürs Trinken?«

»Wir brauchen den Whisky für Früchtekuchen, Mr. Haha. Zum Backen!«

Das ernüchtert ihn. Er zieht die Augenbrauen zusammen. »Ist doch keine Art, guten Whisky zu verschwenden!« Trotzdem verzieht er sich in das schattige Café und erscheint ein paar Sekunden darauf mit einer Flasche butterblumengelben Alkohols ohne Etikett. Er läßt den Whisky im Sonnenlicht funkeln und sagt: »Zwei Dollar!«

Wir zahlen – mit Nickeln und Zehnern und Pennies. Plötzlich wird sein Gesicht weich, und er klimpert mit den Münzen in seiner Hand, als ob's eine Faust voll Würfel wäre. »Ich will euch was sagen«, schlägt er uns vor und läßt das Geld wieder in unsere Perlbörse rutschen, »schickt mir statt dessen einen von euren Früchtekuchen!«

»Nein, wirklich«, sagt meine Freundin auf dem Heimweg, »was für ein reizender Mann! In seinen Früchtekuchen tun wir eine ganze Tasse Rosinen extra!«

Der schwarze Herd, der mit Kleinholz und Kohle gefüttert wird, glüht wie eine ausgehöhlte Kürbislaterne. Schneebesen schwirren, Löffel mahlen in Schüsseln voll Butter und Zucker, Vanille durchduftet die Luft, Ingwer würzt sie; schmelzende, die Nase kitzelnde Gerüche durchtränken die Küche, überschwemmen das ganze Haus und schweben mit den Rauchwölkchen durch den Kamin in die Welt hinaus. In vier Tagen haben wir die Arbeit geschafft. Einunddreißig Kuchen, mit Whisky befeuchtet, lagern warm auf Fensterbrettern und Regalen.

Für wen sind sie?
Für Freunde. Nicht unbedingt für Nachbarn. Nein, der größte Teil ist für Leute bestimmt, die wir vielleicht einmal, vielleicht auch nie gesehen haben. Leute, die unsere Phantasie beschäftigen. Wie der Präsident Roosevelt. Wie Ehrwürden und Mrs. J. C. Lucey, Baptisten-Missionare auf Borneo, die im vergangenen Winter hier einen Vortrag hielten. Oder der kleine Scherenschleifer, der zweimal jährlich durchs Städtchen kommt. Oder Abner Packer, der Fahrer vom Sechs-Uhr-Autobus aus Mobile, der uns täglich zuwinkt, wenn er in einer Staubwolke vorüberbraust. Oder die jungen Winstons, ein Ehepaar aus Kalifornien, deren Wagen eines Tages vor unserer Haustür eine Panne hatte und die eine Stunde lang so nett mit uns auf der Veranda verplauderten (Mr. Winston machte eine Aufnahme von uns, die einzige, die es von uns beiden gibt). Kommt es wohl daher, weil meine Freundin vor jedermann mit Ausnahme von Fremden scheu ist, daß uns die Fremden, flüchtige Zufallsbekannte, als unsre wahren Freunde erschienen? Ich glaube, ja. Und die Sammelbücher, in die wir die Danksagungen auf Regierungsbriefpapier und hin und wieder eine Mitteilung aus Kalifornien oder Borneo und die Penny-Postkarten vom Scherenschleifer einkle-

ben, geben uns das Gefühl, mit ereignisreicheren Welten verbunden zu sein, als es die Küche mit dem Blick auf einen abgeschnittenen Himmel ist.

Jetzt schabt ein dezemberkahler Feigenbaumzweig gegen das Fenster. Die Küche ist leer; die Kuchen sind fort. Gestern haben wir die letzten im Wägelchen zur Post gefahren, wo der Ankauf von Briefmarken unsre Börse umgestülpt hat. Wir sind pleite. Ich bin deswegen ziemlich niedergeschlagen, aber meine Freundin besteht darauf, zu feiern, und zwar mit einem zwei Finger breiten Rest Whisky in Hahas Flasche. Queenie bekommt einen Teelöffel voll in ihren Kaffeenapf (sie nimmt ihren Kaffee gern stark und mit Zichorie gewürzt). Das übrige verteilen wir auf zwei leere Gelee-Gläser. Wir sind beide ganz ängstlich, daß wir unverdünnten Whisky trinken wollen; der Geschmack zieht uns das Gesicht zusammen, und wir müssen uns grimmig schütteln. Aber allmählich fangen wir an zu singen, und gleichzeitig singen wir beide zwei verschiedene Lieder. Ich kann die Worte meines Liedes nicht richtig, bloß: *Kommt nur all, kommt nur all, in der Niggerstadt ist Stutzerball!* Aber ich kann tanzen. Steptänzer im Film, das will ich nämlich werden. Mein tanzender Schatten hüpft über die Wände, von unseren Stimmen zittert das Porzellan, wir kichern, als ob unsichtbare

Hände uns kitzelten. Queenie wälzt sich auf dem Rücken, ihre Pfoten trommeln durch die Luft, eine Art Grinsen verzerrt ihre schwarzen Lippen. Innerlich bin ich so warm und feurig wie die zerbröckelnde Glut der Holzscheite und so sorglos wie der Wind im Kamin. Meine Freundin walzt um den Kochherd und hält den Saum ihres billigen Kattunrocks zwischen den Fingerspitzen, als ob er ein Ballkleid wäre. *Zeig' mir den Weg, der nach Hause führt*, singt sie, und ihre Tennisschuhe quietschen über den Fußboden. *Zeig mir den Weg, der nach Hause führt!*

Es treten auf: zwei Verwandte. Sehr empört. Allgewaltig mit Augen, die schelten, mit Zungen, die ätzen. Hört zu, was sie zu sagen haben, und wie die Worte in zorniger Melodie übereinanderpurzeln: »Ein kleiner siebenjähriger Junge! Der nach Whisky riecht! Bist du von Gott verlassen? Einem Siebenjährigen so etwas zu geben! Mußt verrückt geworden sein! Der Weg, der ins Verderben führt! Hast wohl Base Kate vergessen? Und Onkel Charlie? Und Onkel Charlies Schwager? Schande! Skandal! Demütigend! Kniet nieder und betet, betet zum HERRN!« Queenie verkriecht sich unter dem Herd. Meine Freundin starrt auf ihre Schuhe, ihr Kinn zittert, sie hebt den Rock, schnaubt sich die Nase und läuft in ihr Zimmer. Lange nachdem die Stadt schlafen gegangen und das Haus verstummt ist und nur noch das Schlagen der Turmuhr und das Wispern der erlöschten Glut verbleibt, weint sie in ihr Kissen hinein, das schon naß ist wie ein Witwentaschentuch.

»Weine doch nicht!« sage ich zu ihr. Ich sitze am Fußende ihres Bettes und zittere meinem Flanellnachthemd zum Trotz, das noch nach dem Hustensaft vom vorigen Winter riecht; »weine doch nicht!«, bitte ich sie und kitzle sie an den Zehen und an den Fußsohlen, »du bist zu alt dafür!«

»Das ist's ja«, schluchzt sie, »ich *bin* zu alt. Alt und komisch.«

»Nicht komisch. Lustig. Mit keinem ist's so lustig wie mit dir. Laß doch! Wenn du nicht aufhörst mit Weinen, bist du morgen so müde, daß wir nicht fortgehen und den Baum abhacken können.«

Sie richtet sich auf. Queenie springt aufs Bett (was sie sonst nicht darf) und leckt ihr die Wangen. »Ich weiß eine Stelle, Buddy, wo es wunderschöne Bäume gibt. Und auch Stechpalmen. Mit Beeren, so groß wie deine Augen. Weit weg im Wald. Weiter, als wir je gewesen sind. Papa hat dort immer unsern Weihnachtsbaum geholt und auf der Schulter nach Hause getragen. Das war vor fünfzig Jahren. Ach, ich kann's gar nicht mehr abwarten, bis es morgen früh ist.«

Am andern Morgen. Das Gras funkelt im Rauhreif. Die Sonne, rund wie eine Orange und orangerot wie Heißwettermonde, tänzelt über den Horizont und überglüht die versilberten Winterwälder. Ein wilder Truthahn ruft. Im Unterholz grunzt ein ausgerissenes Schwein. Bald sind wir am Rand eines knietiefen, schnellfließenden Wassers und müssen das Wägelchen stehenlassen. Queenie watet zuerst durch den Bach, paddelt hinüber und bellt klagend, weil die Strömung rasch ist und das Wasser so kalt, um Lungenentzündung zu bekommen. Wir folgen und halten unsre Schuhe und unsere Ausrüstung (ein Beil und einen Jutesack), über den Kopf. Noch fast zwei Kilometer weiter: züchtigende Dornen, Kletten und Brombeerranken verhäkeln sich in unsern Kleidern; rostrote Kiefernnadeln leuchten mit grellbunten Schwämmen und ausgefallenen Vogelfedern. Hier und dort erinnern uns ein Aufblitzen, ein Flattern und ein schrilles Aufkreischen daran, daß nicht alle Vögel gen Süden gezogen sind. Immer wieder windet sich der Pfad durch zitronengelbe Sonnentümpel und pechdunkle Rankentunnel. Dann ist noch ein Bach zu überqueren: von einer aufgescheuchten Armada gesprenkelter Forellen schäumt das Wasser um uns her, und Frösche von Tellergröße üben sich im

Bauchsprung; Biber-Baumeister arbeiten an einem Damm. Am andern Ufer steht Queenie, schüttelt sich und zittert. Auch meine Freundin zittert, aber nicht vor Kälte, sondern vor Begeisterung. Als sie den Kopf hebt, um die kieferndufschwere Luft einzuatmen, wirft eine von den zerlumpten Rosen auf ihrem Hut ein Blütenblatt ab. »Wir sind gleich dort, Buddy! Riechst du ihn schon?« fragt sie, als ob wir uns einem Ozean näherten.

Und es ist wirklich eine Art Ozean. Duftende Bestände von Festtagsbäumen, stachelblättrige Stechpalmen. Rote Beeren, die wie chinesische Ballonblumen blinken: schwarze Krähen stoßen krächzend auf sie nieder. Nachdem wir unseren Jutesack so mit Grünzeug und roten Beeren vollgestopft haben, daß wir ein Dutzend Fenster bekränzen können, machen wir uns daran, einen Baum zu wählen. »Er soll zweimal so groß wie ein Junge sein«, sagt meine Freundin nachdenklich. »Damit ein Junge nicht den Stern stibitzen kann.« Der Baum, den wir schließlich auswählen, ist zweimal so hoch wie ich. Ein wackerer, schmucker Geselle, hält er dreißig Beilhieben stand, bevor er krachend mit durchdringendem Schrei umkippt. Dann beginnt der lange Treck nach draußen: wir schleppen ihn wie ein Stück Jagdbeute ab. Alle paar Meter geben wir den Kampf auf, setzen uns hin und keuchen. Aber wir haben die Kraft siegreicher Jäger; das und der starke, eisige Duft des Baumes beleben uns und spornen uns an. Auf der Rückkehr zur Stadt, bei Sonnenuntergang die rote Lehmstraße entlang, begleiten uns zahlreiche Komplimente; doch meine Freundin ist listig und verschwiegen, wenn Vorübergehende den in unserm Wägelchen thronenden Schatz loben: was für ein schöner Baum, und woher er käme. »Von da drüben«, murmelt sie unbestimmt. Einmal hält ein Wagen, und die träge Frau des reichen Mühlenbesitzers lehnt sich heraus und plärrt: »Ich geb euch 'n Vierteldollar für den schäbigen Baum!« Im allgemeinen sagt meine Freundin nicht gern nein; aber diesmal schüttelt sie den Kopf: »Auch nicht für'n Dollar!« Die Frau des Mühlenbesitzers läßt nicht locker: »'n Dollar? Ist ja verrückt! Fünfzig Cents – das ist mein letztes Wort. Meine Güte, Frau, ihr könnt euch ja 'n andern holen!« Anstatt einer Antwort spricht meine Freundin sanft und nachdenklich vor sich hin: »Da hab' ich meine Zweifel. Zweimal das gleiche: das gibt's nicht auf der Welt.«

Zu Hause. Queenie sackt vor dem Kamin zusammen und schläft, laut wie ein Mensch schnarchend, bis zum nächsten Morgen.

Ein Koffer in der Bodenkammer enthält: einen Schuhkarton voller Hermelinschwänze (vom Opern-Umhang einer merkwürdigen Dame, die mal im Haus ein Zimmer gemietet hatte), Ketten zerfransten Lamettas, das vor Alter goldbraun wurde, einen Silberstern und eine kurze Schnur mit altersschwachen, bestimmt gefährlichen, kerzenförmigen elektrischen Birnen. Ausgezeichneter Schmuck, soweit vorhanden, und das ist nicht viel: meine Freundin möchte, daß unser Baum strahlt »wie ein Baptisten-Fenster« und daß er die Zweige unter Schneelasten von Schmuck niederhängen läßt. Doch die *made-in-Japan*-Herrlichkeiten des Einheitspreis-Ladens können wir uns nicht leisten. Daher machen wir, was wir immer gemacht haben: wir sitzen mit Schere und Bleistift und Stapeln von Buntpapier tagelang am Küchentisch. Ich mache Skizzen, und meine Freundin schneidet aus: eine Menge Katzen, auch Fische (weil sie leicht zu zeichnen sind), ein paar Äpfel, ein paar Wassermelonen, ein paar Engel mit Flügeln, die wir aus aufgespartem Silberpapier von Hershey-Riegeln zurechtbasteln. Wir benutzen Sicherheitsnadeln, um unsre Kunstwerke am Baum zu befestigen. Um ihm den letzten Schliff zu geben, bestreuen wir die Zweige mit zerschnittener Baumwolle (die wir zu diesem Zweck im August selber gepflückt haben). Meine Freundin betrachtet die Wirkung prüfend und schlägt die Hände zusammen. »Nun sag mal ehrlich, Buddy: sieht's nicht zum Fressen schön aus?« Queenie versucht, einen Engel zu fressen.

Nachdem wir Stechpalmengirlanden für sämtliche Vorderfenster geflochten und mit Bändern umwunden haben, besteht unsere nächste Aufgabe im Fabrizieren von Geschenken für die Familie. Halstücher für die Damen aus Schnurbatik, für die Herren ein hausgemachter Sirup aus Zitronen, Lakritze und Aspirin, einzunehmen »bei den ersten Symptomen einer Erkältung« sowie nach der Jagd. Aber als es an der Zeit ist, unsre gegenseitigen Geschenke vorzubereiten, trennen wir uns, um im geheimen zu arbeiten. Kaufen würde ich ihr gern: ein Messer mit Perlmuttergriff, ein Radio, ein ganzes Pfund Kirsch-Pralinés (wir haben mal ein paar gekostet, und seither beteuert sie: »Davon könnt' ich leben, Buddy, weiß Gott, das könnt' ich – und hab' Seinen Namen damit nicht unnütz in den Mund genommen«). Statt dessen baue ich einen Drachen. Und sie würde mir gern ein Fahrrad kaufen. (Sie hat's mir schon millionenmal gesagt: »Wenn ich's nur könnte, Buddy! 's ist schlimm genug, wenn man im Leben auf etwas verzichten muß, was man selbst gern haben möchte; aber was mich, zum Kuckuck, richtig verrückt macht, ist, wenn man einem andern nicht das schenken kann, was man ihm so sehr wünscht! Doch eines Tages tu' ich's, Buddy! Ich verschaffe dir ein Rad! Frag mich nicht, wie. Vielleicht stehl' ich's.«) Statt dessen, davon bin ich ziemlich überzeugt, baut sie mir wahrscheinlich auch einen Drachen – ebenso wie voriges Jahr und das Jahr davor: und ein Jahr noch weiter davor haben wir uns gegenseitig Schleudern gebastelt. Was mir alles sehr recht ist. Denn wir sind Champions im Drachensteigenlassen und studieren den Wind wie die Matrosen; meine Freundin, die mehr Talent hat als ich, kann einen Drachen in die Lüfte schicken, wenn nicht mal so viel Brise da ist, um die Wolken zu tragen.

Am Heiligabend kratzen wir nachmittags einen Nickel zusammen und gehen zum Metzger, um Queenies herkömmliches Geschenk, einen guten, abnagbaren Rindsknochen, zu kaufen. Der Knochen wird in lustiges Papier gewickelt und hoch in den Baum gehängt, in die Nähe des Silbersterns. Queenie weiß, daß er da ist. Sie hockt am Fuß des Baumes und starrt, vor Gier gebannt, nach oben: als es Schlafenszeit ist, weigert sie sich, von der Stelle zu gehen. Ihre Aufregung ist ebenso groß wie meine eigene. Ich zerwühle meine Bettdecke und drehe das Kopfkissen herum, als hätten wir eine sengendheiße Sommernacht. Irgendwo kräht ein Hahn: irrtümlicherweise, denn die Sonne ist noch auf der andern Seite der Erde.

»Buddy, bist du wach?« Es ist meine Freundin, die von ihrem Zimmer aus ruft, das neben meinem liegt; und einen Augenblick drauf sitzt sie auf meinem Bettrand und hält eine Kerze in der Hand. »Ach, ich kann kein Auge zumachen«, erklärt sie. »Meine Gedanken hüpfen wie Kaninchen herum. Buddy, glaubst du, daß Mrs. Roosevelt unsern Kuchen zum Weihnachtsessen auftragen läßt?« Wir kuscheln uns im Bett zusammen, und sie drückt mir die Hand »Hab-dich-lieb«. »Mir scheint, deine Hand war früher viel kleiner. Ach, mir ist's schrecklich, wenn du älter wirst! Wenn du groß bist – ob wir dann noch Freunde sind?« Ich antworte, immer! »Aber ich bin so traurig, Buddy! Ich wollte dir so gern ein Fahrrad schenken. Ich hab' versucht, die Kameenbrosche zu verkaufen, die Papa mir geschenkt hatte. Buddy ...« Sie stockt, als sei sie zu verlegen. »Ich hab' dir wieder einen Drachen gemacht!« Dann gestehe ich, daß ich ihr auch einen gemacht habe, und wir lachen. Die Kerze brennt so weit herunter, daß man sie nicht mehr halten kann. Sie geht aus, und der Sternenschimmer ist wieder da, und die Sterne kreisen vor dem Fenster wie ein sichtbares Jubilieren, das der Anbruch des Tages langsam, ach, so langsam zum Verstummen bringt. Vielleicht schlummern wir ein bißchen; aber die Morgendämmerung spritzt uns wie kaltes Wasser ins Gesicht: wir sind auf, mit großen Augen, und wandern umher und warten, daß die andern aufwachen. Mit voller Absicht läßt meine Freundin einen Kessel auf den Küchenboden fallen. Ich steptanze vor geschlossenen Türen. Eins ums andere tauchen die Familienmitglieder auf und sehen aus, als ob sie uns am liebsten umbringen würden; aber es ist Weihnachten, daher können sie's nicht. Zuerst gibt's ein großartiges Frühstück, es ist einfach alles da, was man sich nur vorstellen kann: von Pfannkuchen und Eichhörnchenbraten bis zu Maisgrütze und Wabenhonig. Was alle in gute Laune versetzt, mich und meine Freundin ausgenommen. Offengestanden können wir vor Ungeduld, daß es endlich mit den Geschenken losgehen soll, keinen Bissen essen.

Leider bin ich enttäuscht. Das wäre wohl jeder. Socken, ein Sonntagsschulhemd, ein paar Taschentücher, ein fertiggekaufter Sweater und ein Jahresabonnement auf eine fromme Zeitschrift für Kinder: *Der kleine Hirte*. Ich platze vor Ärger. Wahrhaftig!

Meine Freundin macht einen besseren Fang. Ein

Beutel mit Satsuma-Mandarinen – das ist ihr bestes Geschenk. Sie selbst ist jedoch stolzer auf einen weißwollenen Schal, den ihre verheiratete Schwester ihr gestrickt hat. Aber *sagen* tut sie, ihr schönstes Geschenk sei der Drachen, den ich ihr gebaut habe. Und er *ist* auch sehr schön, wenn auch nicht ganz so schön wie der, den sie mir gemacht hat, denn der ist blau und übersät mit goldenen und grünen Leitsternen, und außerdem ist noch mein Name, Buddy, draufgemalt.

»Buddy, der Wind weht!«

Der Wind weht, und alles andere ist uns einerlei, bis wir zum Weideland hinter dem Haus gerannt sind, wo Queenie hingerast ist, um ihren Knochen zu vergraben (und wo sie selbst einen Winter drauf begraben wird). Dort tauchen wir in das gesunde, gürtelhohe Gras, wickeln an unsern Drachen die Schnur auf und fühlen, wie sie gleich Himmelsfischen an der Schnur zerren und in den Wind hineinschwimmen. Zufrieden und sonnenwarm lagern wir uns im Gras, schälen Mandarinen und sehen den Kunststücken unsrer Drachen zu. Bald habe ich die Socken und den fertiggekauften Sweater vergessen. Ich bin so glücklich, als hätten wir beim Großen Preisausschreiben die fünfzigtausend Dollar für den Kaffeenamen gewonnen.

»Ach, wie dumm ich auch bin«, ruft meine Freundin und ist plötzlich so munter wie eine Frau, der es zu spät einfällt, daß sie einen Kuchen im Ofen hat. »Weißt du, was ich immer geglaubt habe?« fragt sie mit Entdeckerstimme und lächelt nicht mich an, sondern über mich hinaus. »Ich hab' immer gedacht, der Mensch müßte erst krank werden und im Sterben liegen, ehe er den HERRN zu Gesicht bekommt. Und ich hab' mir vorgestellt, wenn ER dann käme, wär's so, wie wenn man auf das Baptisten-Fenster schaut: schön wie farbiges Glas, durch das die Sonne scheint, und solch ein Glanz, daß man nicht merkt, wenn's dunkel wird. Und es ist mir ein Trost gewesen, an den Glanz zu denken, der alles Spukgefühl fortjagt. Aber ich wette, daß es gar nicht so kommt. Ich wette, zuallerletzt begreift der Mensch, daß der HERR sich bereits gezeigt hat. Daß einfach alles, wie es ist (ihre Hand beschreibt einen Kreis, der Wolken und Drachen und Gras und Queenie einschließt, die eifrig Erde über ihren Knochen scharrt), und eben das, was der Mensch schon immer gesehen hat – daß das ›IHN-SEHEN‹ war. Und ich – ich könnte mit dem Heute in den Augen die Welt verlassen.«

Es ist unser letztes gemeinsames Weihnachten. Das Leben trennt uns. Die Alles-am-besten-Wisser bestimmen, daß ich auf eine Militärschule gehöre. Und so folgt eine elende Reihe von Gefängnissen mit Signalhörnern oder grimmigen, von Reveille-Klängen verpesteten Sommerlagern. Ich habe auch ein neues Zuhause. Aber das zählt nicht. Zu Hause ist dort, wo meine Freundin ist, und ich komme nie dorthin.

Und sie bleibt dort und kramt in der Küche herum. Allein mit Queenie. Dann ganz allein. (»Liebster Buddy«, schreibt sie in ihrer wilden, schwerleserlichen Schrift, »gestern hat Jim Macys Pferd ausgeschlagen und Queenie einen schlimmen Tritt versetzt. Sei dankbar, daß sie nicht viel gespürt hat. Ich hab' sie in ein feines Leinentuch eingewickelt und im Wägelchen zu Simpsons Weideland hinuntergefahren, wo sie nun bei all ihren vergrabenen Knochen ist.«) Ein paar Novembermonate hindurch fährt sie noch fort, alleine Früchtekuchen zu backen; nicht so viele wie früher, aber einige, und natürlich schickt sie mir immer das »Pracht-Exemplar«. Sie fügt auch in jedem Brief einen dick in Toilettenpapier eingewickelten Zehner bei: »Geh in einen Film und erzähl mir im nächsten Brief die Geschichte!« Aber allmählich verwechselt sie mich in ihren Briefen mit ihrem andern Freund, mit dem Buddy, der in den achtziger Jahren starb. Immer häufiger ist der Dreizehnte nicht der einzige Tag des Monats, an dem sie im Bett bleibt. Und es kommt ein Morgen im November, der Anbruch eines blätterkahlen, vogelstummen Wintermorgens, an dem sie sich nicht aufraffen kann, um auszurufen: »O je, 's ist Früchtekuchen-Wetter!«

Und als *das* geschieht, weiß ich Bescheid. Der Brief, der es mir mitteilt, bestätigt nur die Meldung, die eine geheime Ader schon erhalten hat und durch die ein unersetzbares Teil meiner selbst von mir getrennt und freigelassen wird wie ein Drachen an einer gerissenen Schnur. Deshalb muß ich jetzt an diesem bestimmten Dezembermorgen, während ich über den Schul-Campus wandere, immer wieder den Himmel absuchen. Als ob ich erwartete, ein verirrtes Drachenpaar zu sehen, das, fast zwei Herzen gleichend, gen Himmel eilt.

Chrysanthemen sind wie Löwen

FÜR LEE

Von wegen gemein: das Gemeinste, was mir je in meinem Leben untergekommen ist, war Odd Henderson.

Und ich spreche von einem zwölfjährigen Jungen, nicht von einem Erwachsenen, der Zeit genug gehabt hätte, eine von Natur bösartige Veranlagung zur vollen Reife zu entwickeln. Jedenfalls war Odd zwölf, als wir im ländlichen Alabama zusammen in die zweite Klasse einer Kleinstadtschule gingen.

Groß für sein Alter, ein knochiger Junge mit schmutzigrotem Haar und schmalen Katzenaugen, überragte Odd alle seine Mitschüler, was er übrigens sowieso getan haben würde, denn wir anderen waren erst sieben oder acht Jahre alt. Odd war in der ersten Klasse zweimal sitzengeblieben und machte jetzt zum zweitenmal die zweite Klasse durch. Diese betrübliche Tatsache hatte nichts mit Dummheit zu tun – Odd war intelligent, oder vielleicht besser noch: gerissen, aber er war eben wie alle anderen Hendersons. Die ganze Familie (Dad Henderson, den Alkohol-Schmuggler, der meistens im Gefängnis saß, nicht mitgerechnet, waren es zehn, die in einem Vierzimmerhaus neben der Negerkirche zusammenhockten) war eine faule, mißgünstige Bande, von der jeder nur auf die Gelegenheit wartete, einen hereinzulegen. Odd war noch nicht mal der Schlimmste von ihnen, und das will wahrhaftig was heißen.

Viele Kinder in unserer Schule stammten aus Familien, die ärmer waren als die Hendersons; Odd hatte ein Paar Schuhe, während manche Jungen, und sogar auch Mädchen, selbst bei bitterster Kälte barfuß gehen mußten – so schwer war Alabama von der Wirtschaftskrise betroffen. Aber niemand, ganz gleich wer, sah so heruntergekommen aus wie Odd: eine klapprige, sommersprossige Vogelscheuche in verschwitzten, abgelegten Overalls, die sogar für einen Kettensträfling eine Schande gewesen wären. Man hätte Mitleid mit ihm haben können, wäre er nicht ein solches Scheusal gewesen. Alle Kinder hatten Angst vor ihm, nicht nur wir Kleineren, sondern sogar die Jungen, die genauso alt waren wie er oder älter.

Nie fing jemand mit ihm eine Schlägerei an, ausgenommen einmal ein Mädchen, Ann »Jumbo«

Finchburg, die der zweite Schrecken der Stadt war. Jumbo, etwas kurz geraten, aber stämmig, ein halber Junge mit einer geradezu teuflischen Ringertechnik, sprang Odd an einem trüben Vormittag während der Pause von hinten an, und drei Lehrer, von denen jeder gewünscht haben muß, die zwei Kampfhähne würden sich gegenseitig den Hals umdrehen, hatten alle Hände voll zu tun, die beiden auseinanderzubringen. Das Ergebnis war eine Art von Unentschieden: Jumbo büßte einen Zahn ein und die Hälfte ihrer Haare, außerdem entwikkelte sich in ihrem linken Auge eine Trübung (sie konnte danach nie mehr deutlich sehen); Odd trug unter anderem einen gebrochenen Daumen davon, dazu Kratzwunden, deren Narben er behalten wird, bis man den Sargdeckel über ihm zunagelt. Monatelang versuchte Odd mit jeder nur möglichen List, Jumbo zu einem neuen Kampf zu kriegen; aber Jumbo hatte die Nase voll und machte einen Bogen um ihn. Genau das würde auch ich getan haben, wenn er mich nur gelassen hätte; aber leider war ich der Gegenstand von Odds nicht nachlassender Aufmerksamkeit.

In Anbetracht der zeitlichen und örtlichen Umstände ging es mir recht gut – ich wohnte immerhin in einem alten Landhaus mit hohen Zimmern, das am Rand der Stadt lag, wo die Wohnhäuser aufhörten und die Farmen und Wälder anfingen. Das Haus gehörte entfernten Verwandten vorgerückten Alters, und diese Verwandten, drei unverheiratete Damen und ihr ebenfalls unverheirateter Bruder, hatten mich wegen Unstimmigkeiten innerhalb meiner engeren Familie bei sich aufgenommen; es ging dabei um einen Vormundschaftsstreit, in dessen Folge ich aus allen möglichen Gründen in diesen etwas merkwürdigen Haushalt nach Alabama verschlagen wurde. Nicht, daß ich mich da unglücklich gefühlt hätte; im Gegenteil, manches aus jenen wenigen Jahren erwies sich später als der glücklichste Teil einer im übrigen schwierigen Kindheit, und zwar hauptsächlich deshalb, weil die jüngste der Verwandten, eine Frau in den Sechzigern, mein erster Freund wurde. Da sie selber noch ein Kind war (manche hielten sie sogar für weniger als das und redeten von ihr, als wäre sie die Zwillingsschwester der netten armen Lester Tucker, die in sanftem Dämmerzustand durch die Straßen streifte), hatte sie Verständnis für Kinder, und mich verstand sie vollkommen.

Vielleicht war es seltsam für einen kleinen Jungen, eine alternde Jungfer als »besten Freund« zu haben, aber wir waren beide ein bißchen Außensei-

ter, und so ergab es sich zwangsläufig, daß aus unserer beiderseitigen Einsamkeit eine Freundschaft erwuchs.
Mit Ausnahme der Schulstunden waren wir drei – ich, die alte Queenie, unsere dicke Terrierhündin, und Miß Sook, wie meine Freundin von allen genannt wurde, fast immer beisammen. Wir suchten im Wald Kräuter, gingen in abgelegenen Bächen fischen (mit getrockneten Zuckerrohrstangen als Angelruten) und gruben seltene Farne und andere Pflanzen aus, die wir zu Hause in Blecheimern und Nachttöpfen zu üppigem Gerank brachten. Hauptsächlich aber spielte sich unser Leben in der Küche ab – einer Farmhausküche, die, von einem großen, schwarzen, holzgeheizten Herd beherrscht, oft dunkel und sonnig zugleich war.
Miß Sook, empfindsam, scheu, und so zurückgezogen lebend, daß sie niemals über die nächste Umgebung hinausgekommen war, war völlig anders als ihr Bruder und ihre Schwestern: die Schwestern, nüchtern und praktisch veranlagte, etwas maskulin wirkende Damen, betrieben einen Kurzwarenladen und versuchten sich in verschiedenen Spekulationen; der Bruder, Onkel B., besaß eine Anzahl von in der Umgebung verstreuten Baumwollfarmen. Da er es ablehnte, Auto zu fahren, und überhaupt mit Motorfahrzeugen irgend-

welcher Art nichts zu tun haben wollte, trottete er den ganzen Tag zu Pferde von einer Farm zur anderen. Er war ein freundlicher, wenn auch schweigsamer Mann: er brummte ja oder nein und machte den Mund eigentlich nur richtig auf, wenn er ihn zum Essen brauchte. Bei jeder Mahlzeit entwickelte er den Appetit eines Grisly-Bären nach dem Winterschlaf, und Miß Sooks Aufgabe war es, ihn sattzukriegen.

Unsere Hauptmahlzeit war das Frühstück. Das Mittagessen – außer sonntags – und das Abendessen wurden weniger wichtig genommen und bestanden oft nur aus dem, was vom Frühstück übriggeblieben war. An diesem Frühstück, das Punkt halb sechs auf den Tisch kam, konnte man sich jedesmal zum Platzen sattessen. Bis zum heutigen Tag bewahre ich ein sehnsüchtiges Andenken an diese frühmorgendlichen Schmausereien mit Schinken und Brathuhn, Schweinekoteletts, gebratenem Katzenwels, gebratenem Eichhörnchen (wenn die Zeit dafür war), Spiegeleiern, Maisgrütze mit Bratensauce, Erbsen, suppigem Kohlgemüse und Maisbrot zum Hineinbrocken, Waffeln, Gleichgewichtskuchen, Pfannkuchen mit Sirup, Wabenhonig, hausgemachten Marmeladen und Gelees, süßer Milch, Buttermilch und Kaffee mit Zichorie, so heiß wie die Hölle.

Die Köchin, unterstützt von Queenie und mir – ihren Gehilfen –, stand jeden Morgen um vier auf, um den Herd anzuheizen, den Tisch zu decken und alles in Gang zu bringen. Dieses frühe Aufstehen war weniger schlimm, als es sich anhört; wir waren daran gewöhnt, und im übrigen gingen wir sowieso immer zu Bett, sobald die Sonne unterging und die Vögel in den Bäumen zur Ruhe gekommen waren. Außerdem war meine Freundin gar nicht so zart, wie sie aussah. Zwar war sie als Kind oft krank gewesen und hatte krumme Schultern, aber ihre Hände waren stark und ihre Beine kräftig. Sie bewegte sich mit lebhafter, zielstrebiger Behendigkeit, wobei die abgetragenen Tennisschuhe, die sie immer trug, auf dem gebohnerten Küchenboden quietschten; und ihr außergewöhnliches Gesicht mit seinem rührend unbeholfenen Ausdruck und den schönen, jungen Augen verriet eine Kraft, die sichtlich mehr die Ausstrahlung eines inneren seelischen Glanzes als Zeichen bloßer körperlicher Gesundheit war. Immerhin waren es, je nach Jahreszeit und Anzahl der auf Onkel B.s Farmen beschäftigten Arbeiter, manchmal bis zu fünfzehn Personen, die sich zu dieser Tischrunde im Morgengrauen versammelten. Die Arbeiter hatten Anspruch auf eine warme Mahlzeit am Tag – das war ein Teil ihres Lohnes.

Als einzige Hilfe kam eine Negerfrau ins Haus, die angeblich das Geschirr spülte, die Betten machte, das Haus putzte und die Wäsche besorgte. Sie war faul und unzuverlässig, aber Miß Sook war seit ewigen Zeiten mit ihr befreundet – was bedeutete, daß meine Freundin sich nie hätte einfallen lassen, jemand anders zu engagieren, und einfach die Arbeit selber machte. Sie hackte Holz, versorgte eine ganze Menagerie von Hühnern, Truthähnen und Schweinen, schrubbte, wischte Staub und hielt unsere Kleidung in Ordnung; aber immer, wenn ich aus der Schule nach Hause kam, war sie ganz für mich da, bereit, ein Kartenspiel mit mir zu spielen, das Rook hieß, oder mit mir auf Pilzsuche zu gehen oder eine Kissenschlacht zu veranstalten, oder mir, wenn wir im sinkenden Nachmittagslicht in der Küche saßen, bei den Hausaufgaben zu helfen.

Mit Hingabe vertiefte sie sich in meine Schulbücher, besonders in den Atlas. (»Stell dir bloß mal vor, Buddy«, sagte sie dann – denn sie nannte mich Buddy –, »einen See, der Titicaca heißt, und den gibt es wirklich irgendwo auf der Welt!«) Was ich lernte, lernte sie auch. Weil sie als Kind soviel krank gewesen war, hatte sie fast keinen Unterricht gehabt; ihre Handschrift war eine Aneinanderreihung krakeliger Zacken, ihre Orthographie eine höchst eigenwillige Angelegenheit frei nach dem Gehör. Ich konnte schon jetzt müheloser und sicherer lesen und schreiben als sie (obwohl sie es fertigbrachte, jeden Tag ein Kapitel aus der Bibel zu »studieren«, und sich niemals »Little Orphan Annie« oder »The Katzenjammer Kids« – Bildergeschichten aus der Lokalzeitung von Mobile – entgehen ließ). Sie war mächtig stolz auf »unsere« Zeugnisse (»Mein Gott, Buddy! Fünf Einsen. Sogar im Rechnen. Daß wir im Rechnen eine Eins kriegten, hätte ich nie geglaubt«). Es war ihr ein Rätsel, warum ich die Schule haßte, warum ich morgens manchmal weinte und Onkel B., der das Machtwort im Haus sprach, anflehte, daheimbleiben zu dürfen.

Dabei haßte ich natürlich gar nicht die Schule: was ich haßte, war Odd Henderson. Was er sich für Quälereien ausdachte! Zum Beispiel wartete er mit Vorliebe auf mich unter einer Wassereiche, die eine Seite unseres Schulhofes in Schatten tauchte; in der Hand hielt er eine prallgefüllte Tüte mit Kletten, die er auf dem Weg zur Schule gesammelt hatte. Es war sinnlos, ihm weglaufen zu wollen, denn er war schnell wie eine Klapperschlange im Angriff: einer Klapperschlange gleich fuhr er auf mich los, warf mich zu Boden und rieb mir mit schadenfrohem Glitzern in seinen Katzenaugen die Kletten in die Haare. Für gewöhnlich sammelte sich um uns ein Kreis von Kindern, die kicherten, oder wenigstens so taten; im Grunde fanden sie es gar nicht lustig, aber sie hatten Angst vor Odd und wollten sich bei ihm einschmeicheln. In der Knabentoilette versteckt, klaubte ich dann später die Kletten aus meinem verfilzten Haar; das dauerte eine Ewigkeit, und es bedeutete jedesmal, daß ich das erste Klingeln versäumte.

Unsere Klassenlehrerin, Miß Armstrong, zeigte Verständnis, denn sie ahnte, was vorging; aber eines Tages wurde ihr mein ständiges Zuspätkommen dann doch zuviel, und vor versammelter Klasse fuhr sie mich an: »Sieh mal an – unser Herr Gernegroß. Was bilden wir uns eigentlich ein! Zwanzig Minuten nach dem Klingeln hier hereinspaziert zu kommen. Eine halbe Stunde!« Da verlor ich die Beherrschung; ich zeigte auf Odd Henderson und schrie: »Den da sollten Sie anbrüllen. Der ist dran schuld, der verdammte Scheißkerl!«

Ich kannte eine Menge Schimpfwörter, aber selbst ich war erschrocken, als ich das, was ich gesagt hatte, in dem darauffolgenden entsetzten Schweigen nachhallen hörte, und Miß Armstrong, die mit einem schweren Lineal in der Hand auf mich zukam, sagte: »Hände her, Freundchen. Handflächen nach oben.« Dann bearbeitete sie, während

Odd Henderson hämisch lächelnd zusah, mit ihrem Stahlkantenlineal meine Hände, bis mir das Klassenzimmer vor den Augen verschwamm.

Eine ganze, engbedruckte Seite wäre nötig, alle Quälereien aufzuführen, die Odd sich für mich ausdachte; aber das Schlimmste und worunter ich am meisten litt, war, daß er mich dauernd in einem Zustand angstvoller Spannung hielt. Einmal, als er mich mit dem Rücken gegen eine Wand gepreßt festhielt, fragte ich ihn verzweifelt, was ich ihm eigentlich getan hätte, und warum er mich nicht leiden könne. Da lockerte er plötzlich seinen Griff und sagte: »Du bist ein Schlappschwanz. Ich biege dich bloß ein bißchen zurecht.« Er hatte recht, ich war in gewissem Sinn ein Schlappschwanz, und in dem Augenblick, als er es sagte, wurde mir klar, daß ich durch nichts seine Meinung von mir würde ändern können, das heißt hart genug werden mußte, mich damit abzufinden und damit zu leben.
Sobald mich wieder der Frieden der warmen Küche umfing, wo Queenie vielleicht einen alten ausgegrabenen Knochen benagte und meine Freundin sich an einer Pastete zu schaffen machte, glitt die Last, die Odd Henderson für mich bedeutete, gnädig von meinen Schultern. Nachts aber leuch-

teten nur zu oft in meinen Träumen seine schmalen Raubtieraugen auf, und seine hohe, schrille Stimme zischte mir grausame Drohungen ins Ohr.

Das Schlafzimmer meiner Freundin lag gleich neben meinem; gelegentlich wurde sie von den Schreien, die ich in meinen Alpträumen ausstieß, wach; dann kam sie und rüttelte mich aus meinem Odd-Henderson-Wahn auf. »Schau nur«, sagte sie und machte Licht, »du hast sogar Queenie erschreckt. Sie zittert richtig.« Und weiter: »Hast du am Ende Fieber? Du bist ganz naßgeschwitzt. Vielleicht sollten wir besser Dr. Stone holen.« Aber sie wußte, daß ich kein Fieber hatte, sie wußte, daß meine Nöte in der Schule schuld daran waren, denn ich hatte ihr wieder und wieder erzählt, was Odd Henderson mit mir machte.

Aber dann hatte ich es aufgegeben, davon zu sprechen, und erwähnte die Sache mit keinem Wort mehr, weil sie einfach nicht wahrhaben wollte, daß jemand so schlecht sein könne, wie ich es von Odd behauptete. Ihre Arglosigkeit, ihr erhalten geblieben aus jenem Mangel an Erfahrung, der sie immer hatte ein wenig abseits stehen lassen, machte es Miß Sook unmöglich, sich etwas so durch und durch Böses vorzustellen.

»Weißt du«, sagte sie und rieb meine kalten Hände

warm, »er hackt ja nur aus Eifersucht auf dir herum. Er ist eben nicht so hübsch und gescheit wie du.« Oder, weniger scherzhaft: »Du mußt dir klarmachen, Buddy, daß der Junge gar nichts dafür kann, daß er sich so häßlich aufführt; er weiß es eben nicht besser. Alle Henderson-Kinder haben es schwer gehabt. Dafür können sie sich bei Dad Henderson bedanken. Ich sag's nicht gern, aber der Mann war immer nur ein Taugenichts und ein Narr. Weißt du, daß Onkel B. ihn einmal mit der Pferdepeitsche verdroschen hat? Er erwischte ihn dabei, wie er einen Hund schlug, und hat ihn auf der Stelle verdroschen. Das Beste, was je passiert ist, war, daß sie ihn zu Zwangsarbeit verurteilt haben. Aber ich erinnere mich noch an Molly Henderson, ehe sie Dad heiratete. Fünfzehn oder sechzehn war sie damals, und gerade von irgendwo jenseits des Flusses neu hergekommen. Sie arbeitete bei Sade Danvers unten an der Straße, da lernte sie schneidern. Sie kam immer hier vorbei und sah mich im Garten arbeiten – so ein nettes Mädchen, herrliches rotes Haar hatte sie und war immer so dankbar für alles; manchmal gab ich ihr einen Strauß Wicken oder eine Kamelie, und sie war immer so dankbar. Dann fing sie an, Arm in Arm mit Dad Henderson hier vorbeizuspazieren – wo er doch so viel älter war und ein richtiger Halunke, nüchtern oder betrunken. Nun ja, der Herr wird schon Seine Gründe haben. Aber ein Jammer ist es doch; Molly kann nicht älter als fünfunddreißig sein, und sie hat keinen Zahn mehr im Mund und keinen Cent in der Tasche. Nur ein Haus voll Kinder hat sie, die sie sattkriegen muß. Das mußt du alles überlegen, Buddy, und etwas Geduld haben.«

Geduld! Was für einen Sinn hatte es noch, darüber zu reden? Aber schließlich begriff meine Freundin doch, wie verzweifelt ich war. Die Erkenntnis kam ihr nicht als Resultat meiner unseligen nächtlichen Angstträume oder meiner Bettelszenen mit Onkel B., sondern ganz beiläufig: in der Dämmerung eines regnerischen Novembertages, als wir am verglühenden Herdfeuer zusammen in der Küche saßen. Es war nach dem Abendessen, das Geschirr war weggeräumt, und Queenie hatte sich in einen Schaukelstuhl gekuschelt und schnarchte. Unter dem Geräusch der hüpfenden Tropfen auf dem Dach hörte ich meine Freundin vor sich hinmurmeln, aber ich war in Gedanken bei meinem Kummer und gab nicht weiter acht, obwohl ich gemerkt hatte, daß es um den Thanksgiving Day eine Woche darauf ging.

Meine Verwandten hatten nicht geheiratet (Onkel B. zwar hatte *beinahe* geheiratet, aber seine Braut gab ihm den Verlobungsring zurück, als ihr klarwurde, daß das Zusammenleben mit drei sehr eigenwilligen alten Mädchen in diesen Handel einbegriffen sein würde); aber sie konnten sich einer weitverzweigten Verwandtschaft in der Gegend rühmen: massenhaft Vettern und Kusinen, dazu eine Tante, Mrs. Mary Taylor Wheelwright, die hundertunddrei Jahre alt war. Da unser Haus das größte und am günstigsten gelegene war, hatte es sich eingebürgert, daß diese Verwandtschaft sich jedes Jahr am Thanksgiving Day zu uns auf den Weg machte. Obwohl selten weniger als dreißig Festgäste zusammenkamen, war die Sache für uns keine zu große Belastung, denn wir stellten nur den äußeren Rahmen und eine reichliche Zahl gefüllter Truthähne.

Was sonst noch dazugehörte, lieferten die Gäste, wobei jeder seine Spezialität mitbrachte: Eine Kusine zweiten Grades, Harriet Parker aus Flomaton, machte eine vorzügliche Götterspeise aus durchsichtigen Apfelsinenscheiben und frischgeraspelter Kokosnuß. Harriets Schwester Alice kam für gewöhnlich mit einer Schüssel Batatenbrei mit Rosinen an. Familie Conklin, Mr. und Mrs. Bill Conklin und ihr Quartett hübscher Töchter, brachte immer eine köstliche Auswahl von Gemüsen, die sie während des Sommers eingemacht hatten. Meine Lieblingsspeise war ein kalter Bananenpudding – ein wohlgehütetes Rezept der alten Tante, die trotz ihrer Langlebigkeit noch rüstig im Haushalt tätig war; zu unserem Kummer nahm sie ihr Geheimnis mit, als sie 1934 im Alter von einhundertundfünf Jahren starb (und es war nicht das Alter, das den Vorhang herunterließ: ein Bulle hatte sie auf der Weide angefallen und niedergetrampelt).

Miß Sook dachte über all das nach, während meine Gedanken, trübsinnig wie das nasse Zwielicht, sich in einem Irrgarten bewegten. Plötzlich hörte ich sie mit dem Knöchel auf den Küchentisch klopfen: »Buddy!«

»Ja?«

»Du hast mir überhaupt nicht zugehört!«

»Entschuldige.«

»Ich glaube, dieses Jahr brauchen wir fünf Truthähne. Als ich mit Onkel B. darüber gesprochen habe, sagte er, du solltest sie schlachten. Und auch rupfen und ausnehmen.«

»Warum das denn?«

»Er meint, ein Junge müßte so was können.«

Das Schlachten war Onkel B.s Sache. Für mich war es eine Strafe, mitansehen zu müssen, wie er ein Schwein schlachtete oder auch nur einem Huhn den Hals umdrehte. Meiner Freundin ging es ge-

nauso. Jede Gewalttat, die über das Totschlagen von Fliegen hinausging, war uns schrecklich, und deshalb war ich entsetzt darüber, wie beiläufig sie mir diesen Auftrag mitteilte.
»Ich tu's aber nicht.«
Jetzt lächelte sie. »Natürlich nicht. Ich lasse es Bubber machen oder irgendeinen anderen Negerjungen. Der kriegt dann fünf Cent von mir dafür. »Aber«, sagte sie und senkte verschwörerisch die Stimme, »wir lassen Onkel B. in dem Glauben, daß du es warst. Dann freut er sich und hört endlich auf zu sagen, daß es nicht gut wäre.«
»Was soll denn nicht gut sein?«
»Das wir immer zusammen sind. Er sagt, du müßtest Freunde haben, Jungens in deinem Alter. Na ja, er hat ja recht.«
»Ich will aber gar keine Freunde.«
»Jetzt sei mal ganz ruhig, Buddy. Du bist mir wirklich immer gut gewesen. Ich weiß nicht, was ich ohne dich täte. Einfach versauern, wahrscheinlich. Aber ich möchte dich glücklich sehen, Buddy. Stark, damit du mit dem Leben fertig wirst. Und das wirst du nie können, wenn du dich nicht mit Leuten wie Odd Henderson einigst und sie dir zu Freunden machst.«
»Ausgerechnet der! Der ist der Letzte, den ich zum Freund haben möchte.«

»Bitte, Buddy – lade den Jungen zum Thanksgiving Dinner zu uns ein.«
Obwohl wir beide uns gelegentlich kabbelten, hatten wir doch nie Streit. Zuerst wollte es mir nicht in den Kopf, daß ihre Bitte etwas anderes sein sollte als ein schlechter Witz; aber dann, als ich sah, daß es ihr ernst damit war, merkte ich zu meiner Bestürzung, daß wir auf dem besten Weg waren, uns zu entzweien.
»Ich dachte, du wärst mein *Freund.*«
»Aber das bin ich doch, Buddy.«
»Wenn du's wärst, dann könntest du dir so was nicht ausdenken. Odd Henderson haßt mich. Er ist mein *Feind.*«
»Er kann dich gar nicht hassen. Er kennt dich ja gar nicht.«
»Aber ich hasse ihn.«
»Bloß weil du ihn nicht kennst. Das ist ja das einzige, was ich möchte: daß ihr mal Gelegenheit habt, euch ein bißchen kennenzulernen. Ich glaube, dann wird der Ärger aufhören. Und vielleicht hast du sogar recht, Buddy, vielleicht werdet ihr nie Freunde. Aber ich glaube nicht, daß er dann noch weiter auf dir herumhackt.«
»Das verstehst du nicht. Du hast niemals jemand gehaßt.«
»Nein, hab' ich nicht. Uns allen ist auf dieser Erde

nur eine bestimmte Zeit zugemessen, und ich müßte mich vor unserem Herrgott schämen, wenn ich die mit so was verschwenden wollte.«
»Ich tu's nicht. Er würde mich für verrückt halten. Und das wäre ich dann auch.«
Der Regen hatte aufgehört, und die Stille, die folgte, zog sich quälend in die Länge. Die klaren Augen meiner Freundin betrachteten mich abwägend, als wäre ich eine Rook-Karte, über deren richtiges Ausspielen sie nachdachte; sie strich sich eine weiß-graue Haarsträhne aus der Stirn und seufzte. »Dann tu *ich* es eben. Morgen«, sagte sie, »setze ich meinen Hut auf und mache Molly Henderson einen Besuch.« Diese Erklärung bewies ihre Entschlossenheit, denn ich hatte noch nie erlebt, daß Miß Sook sich einen Besuch bei jemand vornahm, nicht nur, weil sie keinerlei gesellschaftliches Talent hatte, sondern auch, weil sie viel zu bescheiden war, sich für einen willkommenen Gast zu halten. »Ich glaube kaum, daß bei denen zu Hause Thanksgiving groß gefeiert wird. Wahrscheinlich würde Molly sich sehr freuen, wenn Odd bei uns essen würde. Ich weiß natürlich, Onkel B. würde es nie erlauben, aber eigentlich wäre es nett, sie *alle* einzuladen.«
Mein Gelächter weckte Queenie auf; und nach einem Augenblick der Überraschung lachte meine

Freundin mit. Ihre Wangen röteten sich, und in ihren Augen tanzten Lichter; sie stand auf, drückte mich an sich und sagte: »O Buddy, ich wußte ja, du würdest mir nicht böse sein und schon drauf kommen, daß meine Idee ganz vernünftig ist.«
Sie irrte. Meine Heiterkeit hatte andere Gründe. Zwei. Der eine war die Vorstellung, wie Onkel B. für diese ganzen widerlichen Hendersons Truthahn tranchierte. Der andere: Mir war eingefallen, daß ich gar keinen Grund zur Aufregung hatte; denn Miß Sook mochte zwar die Einladung aussprechen, und Odds Mutter mochte sie in seinem Namen annehmen, aber kommen würde Odd in hundert Jahren nicht.
Dazu war er viel zu stolz. Während der Wirtschaftskrise zum Beispiel gab es in der Schule umsonst Milch und Brote für alle Kinder, deren Eltern zu arm waren, ihnen ein Frühstück mitzugeben. Aber Odd, so abgemagert er auch war, wollte mit dieser Speisung nichts zu tun haben; er stand irgendwo für sich allein und verschlang eine Handvoll Erdnüsse oder knabberte an einer großen rohen Rübe. Diese Art von Stolz war typisch für die Hendersons: sie mochten stehlen oder einem Toten die Goldzähne ausbrechen, aber niemals würden sie ein Geschenk annehmen, weil alles, was nach Wohltätigkeit roch, ihnen ver-

haßt war. Entweder würde Odd Miß Sooks Einladung als wohltätige Geste auslegen, oder aber er würde – gar nicht zu Unrecht – darin einen Bestechungsversuch sehen, der ihn dazu bringen sollte, mich endlich in Ruhe zu lassen.

Ich ging leichten Herzens zu Bett an diesem Abend, denn ich war sicher, daß mir mein Thanksgiving nicht durch die Anwesenheit eines so unpassenden Gastes verdorben werden würde.

Am nächsten Morgen hatte ich eine schwere Erkältung, was mir sehr angenehm war; denn das hieß, daß ich nicht zur Schule brauchte. Es hieß außerdem, daß der Ofen in meinem Zimmer angemacht wurde, daß ich Tomatencremesuppe bekam und mich stundenlang ungestört mit Mr. Micawber und David Copperfield beschäftigen konnte: die schönste Art, das Bett zu hüten. Es regnete wieder leicht; aber ihrem Vorhaben getreu holte meine Freundin ihren Hut, ein mit verblichenen Samtrosen geschmücktes Wagenrad aus Stroh, und machte sich auf den Weg zu den Hendersons. »Ich bin gleich wieder da«, sagte sie. Tatsächlich blieb sie fast zwei Stunden fort. Ich konnte mir nicht vorstellen, daß Miß Sook je ein so langes Gespräch führen könnte, es sei denn mit mir oder mit sich selber (sie führte nämlich oft Selbstgespräche:

eine Angewohnheit durchaus vernünftiger Leute, die einsam sind); und als sie zurückkam, sah sie denn auch regelrecht erschöpft aus.
Noch den Hut auf und ihren alten schlotterigen Regenmantel an, steckte sie mir das Thermometer in den Mund und ließ sich am Fußende meines Bettes nieder. »Ich mag sie«, sagte sie mit Nachdruck. »Ich habe Molly Henderson immer gemocht. Sie tut, was sie kann, und das Haus war so sauber wie Bob Spencers Fingernägel« – Bob Spencer war ein für seine strahlende Sauberkeit berühmter Baptistenpfarrer –, »aber bitterkalt war's. Stell dir vor, ein Blechdach, der Wind direkt im Zimmer und kein bißchen Feuer im Ofen. Sie bot mir was zu trinken an, und ich hätte bestimmt gern eine Tasse Kaffee gehabt, aber ich hab' danke gesagt. Denn ich glaube kaum, daß sie überhaupt Kaffee im Haus hatte. Oder Zucker.
Ich fühlte mich beschämt, Buddy. Es tut mir im Herzen weh, wenn ich jemand sich so abplagen sehe wie Molly. Und keine Hoffnung, daß sich das je ändert. Ich sag' ja gar nicht, daß jeder alles haben soll, was er will. Obwohl ich, wenn ich mir's recht überlege, eigentlich auch nicht einsehe, was daran falsch sein soll. Du zum Beispiel solltest ruhig ein Fahrrad haben, und warum sollte Queenie nicht jeden Tag einen Rindsknochen kriegen? Natür-

lich, jetzt komme ich erst darauf, jetzt wird es mir klar: Eigentlich sollte jeder von uns alles haben, was er will.

Ich mache jede Wette mit dir, das ist genau das, was unser Herrgott im Sinn hat. Und wenn ich rings um uns Menschen sehe, die nicht einmal das Nötigste zum Leben haben, schäme ich mich. Natürlich nicht meinetwegen, denn wer bin ich schon? Eine alte Null, die nie auch nur einen Cent besessen hat; wenn meine Familie nicht für mich gesorgt hätte, wäre ich verhungert oder im Armenhaus gelandet. Nein, schämen tu' ich mich für uns alle, die wir mehr haben, als nötig ist, während andere überhaupt nichts haben.

Ich erwähnte Molly gegenüber, daß wir mehr Steppdecken hätten, als wir jemals brauchen könnten – auf dem Boden steht eine ganze Truhe mit Flickendecken, die ich als junges Mädchen gemacht habe, als ich nur selten aus dem Haus konnte. Aber sie schnitt mir das Wort ab, sagte, die Hendersons kämen sehr gut zurecht, schönen Dank, und das einzige, was sie sich wünschten, wäre, daß Dad freigelassen und wieder nach Hause geschickt würde. ›Miß Sook‹, sagte sie, ›Dad ist ein guter Ehemann, egal, was er sonst noch sein mag.‹ Na ja, bis dahin hat sie ja genug mit ihren Kindern zu tun.

Und was ihren Odd angeht, Buddy, da mußt du wohl im Unrecht sein. Wenigstens teilweise. Molly sagt, er ist ihr eine große Hilfe und ein großer Trost. Beklagt sich nie, ganz gleich, was sie ihm alles aufträgt. Sie sagt, er kann so schön singen wie jemand im Radio, und wenn die Kleineren Krach anfangen, bringt er sie damit zur Ruhe, daß er ihnen was vorsingt. Lieber Gott«, seufzte sie und nahm mir das Thermometer aus dem Mund, »das einzige, was wir für Leute wie Molly tun können, ist, sie achten und in unser Gebet einschließen.«

Das Thermometer hatte mich gehindert, was zu sagen; jetzt wollte ich wissen: »Und was ist mit der Einladung?«

»Manchmal«, sagte sie und betrachtete mißbilligend die dünne Quecksilbersäule, »manchmal scheint mir, meine Augen lassen nach. In meinem Alter fängt man an, sich alles ganz genau anzusehen. Damit man nicht vergißt, wie eigentlich Spinnweben aussehen. Aber um auf deine Frage zu antworten: Molly hat sich sehr gefreut darüber, daß du so viel von Odd hältst, ihn zu Thanksgiving einzuladen. Und«, fuhr sie fort, ohne von meinem Stöhnen Notiz zu nehmen, »sie sagte, sie wäre überzeugt, daß er mit Vergnügen kommen würde. Du hast ein bißchen erhöhte Temperatur.

Ich glaube, du kannst auch morgen noch zu Hause bleiben. Na, wenn das kein vergnügtes Gesicht wert ist! Komm, mach doch mal ein vergnügtes Gesicht, Buddy.«

Wie sich die Dinge entwickelten, machte ich in den darauffolgenden Tagen vor dem Fest sogar noch oft ein vergnügtes Gesicht, denn meine Erkältung wuchs sich zu einer Bronchitis aus, und ich brauchte die ganze Zeit nicht in die Schule. Ich kam mit Odd Henderson nicht zusammen und konnte deshalb nicht feststellen, wie er auf die Einladung reagierte; aber ich konnte mir nichts anderes denken, als daß er zuerst gelacht und dann gespuckt hatte. Die Aussicht, er könnte tatsächlich bei uns auftauchen, beunruhigte mich nicht; sie war ebenso unwahrscheinlich wie die Möglichkeit, daß Queenie mich anknurrte oder Miß Sook mein Vertrauen in sie enttäuschte.

Dennoch blieb Odd gegenwärtig, ein rothaariger Schatten an der Schwelle meiner Fröhlichkeit. Und zu alledem quälte mich die Beschreibung, die seine Mutter von ihm gegeben hatte, und ich dachte darüber nach, ob es vielleicht stimmte, daß er noch eine andere Seite hatte, daß irgendwo unter dem Bösen in ihm eine Spur Menschlichkeit verborgen lag. Aber das konnte nicht sein! Wer so etwas glaubte, konnte ebensogut seine Haustür offen lassen, wenn die Zigeuner in der Stadt waren. Man brauchte ihn ja nur anzusehen.

Miß Sook hatte bald gemerkt, daß meine Bronchitis nicht so schwer war, wie ich vorgab; darum erlaubte sie mir morgens, wenn die anderen aus dem Haus waren – Onkel B. auf seinen Farmen, die Schwestern in ihrem Kurzwarenladen –, aufzustehen und ihr sogar bei dem frühjahrsmäßigen Hausputz zu helfen, der unserer Thanksgiving-Gesellschaft immer voraufging. Es gab eine Menge zu tun, genug, zwölf Leute zu beschäftigen. Wir polierten die Möbel im Wohnzimmer, das Klavier, den schwarzen Raritätenschrank (der nichts weiter enthielt als einen Stein vom Stone Mountain, den die Schwestern von einer Geschäftsreise nach Atlanta mitgebracht hatten), die schweren Nußbaum-Schaukelstühle und die verspielten Biedermeierstücke – bearbeiteten sie mit zitronenparfümiertem Wachs, bis alles wie eine Zitronenschale glänzte und wie eine Zitrus-Plantage roch. Die Vorhänge wurden gewaschen und wieder aufgehängt, die Kissen geschüttelt, die Läufer geklopft; wohin man auch sah, überall in dem glitzernden Novemberlicht, das in die hohen Zimmer eindrang, schwebten Stäubchen und winzige Federn. Die arme Queenie war in die Küche verbannt, aus Furcht, sie könnte im vornehmeren Teil des

Hauses ein paar Haare oder gar einen Floh verlieren.
Das schwierigste war, die Servietten und Tischtücher in Ordnung zu bringen, die gebraucht wurden. Die Tischwäsche stammte noch von der Mutter meiner Freundin und war ein Hochzeitsgeschenk gewesen; obwohl sie nur ein- oder zweimal im Jahr benutzt worden war, also vielleicht zweihundertmal in den vergangenen achtzig Jahren, war sie eben doch achtzig Jahre alt, und Flickstellen und Stockflecken waren nicht zu übersehen. Wahrscheinlich war der Stoff von vornherein nicht allzugut gewesen, aber Miß Sook behandelte ihn, als hätten ihn goldene Hände auf himmlischen Webstühlen gewebt. »Meine Mutter sagte immer: ›Der Tag könnte kommen, wo wir nichts anderes anzubieten haben als Brunnenwasser und kaltes Maisbrot, aber wenigstens können wir das immer auf einem schön gedeckten Tisch auftragen‹.«
Spät abends, wenn die Lauferei des Tages zu Ende war und das übrige Haus im Dunkeln lag, brannte immer noch eine schwache Lampe, und meine Freundin saß aufrecht im Bett, den Schoß voll Servietten, und besserte mit Nadel und Faden Risse und schadhafte Stellen aus, die Stirn in Falten gelegt, die Augen mühsam zusammengekniffen, aber dennoch erleuchtet wie von der erschöpften

Verzückung eines Pilgers, der am Ende seiner Reise dem Altar sich nähert.

Jede volle Stunde, wenn die zittrigen Glocken des fernen Gerichtsgebäudes zehn und elf und zwölf schlugen, wachte ich auf und sah ihre Lampe noch brennen und schlurfte schlaftrunken in ihr Zimmer, um vorwurfsvoll zu sagen: »Du solltest wirklich jetzt schlafen!«

»Gleich, Buddy. Aber im Augenblick kann ich noch nicht. Wenn ich an all die Leute denke, die kommen, kriege ich Angst. Alles in meinem Kopf fängt an sich zu drehen«, sagte sie, hörte einen Moment auf zu arbeiten und rieb sich die Augen. »Ich sehe schon lauter Sterne.«

Chrysanthemen: einige so groß wie ein Kinderkopf. Büschel sich wellender, kupferfarbener Blütenblätter, mit schwankenden Blautönen dazwischen. »Chrysanthemen«, erklärte meine Freundin, während wir durch den Garten gingen und uns mit mörderischer Schere an die prächtigsten Exemplare heranpirschten, »sind wie Löwen. Majestätische Wesen. Ich bin immer drauf gefaßt, daß sie mich anspringen. Daß sie knurrend und brüllend auf mich losfahren.«

Aussprüche dieser Art waren es, die die Leute an Miß Sook zweifeln ließen, wenn mir das auch erst rückblickend klar wird, denn ich selber wußte immer genau, was sie meinte, und in diesem Fall machte uns die Vorstellung, all die knurrenden, prächtigen, brüllenden Löwen ins Haus zu schleppen und in enge Vasen zu sperren (unsere letzte Tätigkeit am Vorabend des Thanksgiving), so albern, überdreht und verrückt, daß wir schon bald außer Atem waren.

»Guck mal Queenie an«, sagte meine Freundin, kicksend vor Vergnügen, »guck mal ihre Ohren, Buddy. Kerzengrade nach oben. Sie denkt: Ach du meine Güte, was sind das bloß für Verrückte, unter die ich da geraten bin? Arme Queenie. Komm her, Schatz. Kriegst auch 'ne Waffel, schön in heißen Kaffee getunkt.«

Ein lebhafter Tag, dieses Thanksgiving: Regenschauer wechselten ab mit plötzlich aufreißendem Himmel, aus dem frostige Sonnenstrahlen fielen, und Windböen rissen die letzten Herbstblätter von den Bäumen.

Lebhaft ging es auch im Haus zu: in das Klappern der Töpfe und Pfannen mischte sich die rostige, selten zu hörende Stimme Onkel B.s, der in seinem knarrend steifen Sonntagsanzug in der Diele stand und die eintreffenden Gäste begrüßte. Einige kamen zu Pferd oder in Maultierwagen, die

meisten mit frischgeputzten Farm-Lastwagen oder alten Klapperkisten. Die Conklins mit ihren vier schönen Töchtern fuhren in einem grasgrünen 1932er Chevrolet vor (Mr. Conklin stand sich gut; er besaß mehrere Fischkutter, die vor Mobile auf Fang gingen): ein Gegenstand, der unter den anwesenden Männern lebhaftes Interesse wachrief; sie untersuchten ihn von vorn bis hinten und hätten ihn am liebsten auseinandergenommen.
Als erste Gäste trafen Mrs. Mary Taylor Wheelwright und ihre Betreuer, ein Enkel und dessen Frau, ein. Sie war eine hübsche kleine Person, diese Mrs. Wheelwright; sie trug ihr Alter ebenso nonchalant wie den winzigen roten Hut, der wie die Kirsche auf einem Sahne-Eis keck auf ihrem schneeweißen Haar saß. »Bobby, mein Liebling«, sagte sie und umarmte Onkel B., »ich weiß, wir sind ein ganz klein bißchen zu früh dran, aber du kennst mich ja: immer etwas vor der Zeit.« Eine berechtigte Entschuldigung, denn es war noch nicht einmal neun, und die Gäste wurden erst gegen Mittag erwartet.
Aber es kamen *alle* früher, als sie sollten – ausgenommen Familie Perk McCloud, die auf einer Strecke von fünfundvierzig Kilometer zwei Reifenpannen hatte und in so wütender Verfassung eintraf – besonders was Mr. McCloud betraf –,

daß wir um unser Geschirr zitterten. Die meisten dieser Menschen lebten das ganze Jahr über in einsamen Gegenden, aus denen sie nur schwer fortkamen, auf einzeln gelegenen Farmen, in kleinen Nestern und Weilern, verlassenen Uferdörfern oder Holzfällersiedlungen tief in den Kiefernwäldern; und so war es natürlich ihre Ungeduld, die sie zu früh kommen ließ, in erwartungsvoller Hoffnung auf ein herzliches und noch lange erinnertes Zusammensein.

Und das wurde es auch. Vor einiger Zeit bekam ich einen Brief von einer der Conklin-Schwestern, die jetzt mit einem Marineoffizier verheiratet ist und in San Diego lebt; sie schrieb: »Ich denke oft an dich um diese Jahreszeit, wahrscheinlich wegen der Sache, die sich bei einem unserer Thanksgivings in Alabama zutrug. Es war ein paar Jahre bevor Miß Sook starb – 1933 vielleicht? Mein Gott, diesen Tag werde ich nie vergessen.«

Um die Mittagszeit war das Wohnzimmer zum Bersten voll: ein Bienenstock, erfüllt vom zungenfertigen Schwatzen der Frauen und weiblichem Duft; Mrs. Wheelwright roch nach Fliederparfüm und Annabel Conklin wie Geranien nach dem Regen. Tabakschwaden zogen über die Veranda, wo trotz dem unbeständigen Wetter mit seinem dauernden Wechsel zwischen Regenschauern und von hervorbrechender Sonne begleiteten Windstößen die meisten Männer beisammenstanden. Tabak war etwas ganz Ungewohntes bei uns. Zugegeben, Miß Sook nahm hin und wieder heimlich eine Prise Schnupftabak, etwas, woran sie unter mir unbekannter und von ihr auch nie enthüllter Anleitung Geschmack gewonnen hatte. Ihre Schwestern wären entsetzt gewesen, hätten sie davon geahnt; Onkel B. ebenso, denn er hatte strenge Ansichten, was Stimulantien anging, und verurteilte sie sowohl moralisch wie medizinisch.

Das herbe Aroma der Zigarren, der beißende Geruch des Pfeifenrauchs, dieser ganze fremdartig-würzige Duft, der sich dort verbreitete, lockte mich immer wieder aus dem Wohnzimmer auf die Veranda, obwohl ich das Wohnzimmer eigentlich vorzog, weil da die Schwestern Conklin waren, die – begabt, übermütig und ohne jede Ziererei – abwechselnd auf unserm verstimmten Klavier spielten. Zu ihrem Repertoire gehörte der »Indianische Liebesruf«, außerdem eine Kriegsballade von 1918, die Klage eines Kindes, das einen Einbrecher anfleht: »Stiehl nicht Daddys Orden, er hat sie sich tapfer verdient.« Annabel spielte und sang dazu; sie war die älteste der Schwestern und auch die hübscheste, obwohl die Wahl zwischen ihnen nicht leicht fiel, denn sie waren wie Vierlinge von unterschiedlicher Größe. Man dachte bei ihrem Anblick an Äpfel: fest und aromatisch-süß, aber dennoch herb wie frischer Most. Ihre lose geflochtenen Haare hatten den bläulichen Schimmer eines sorgsam gestriegelten schwarzen Rennpferdes, und einige ihrer Züge – Augenbrauen, Nase, Lippen – verzogen sich beim Lachen auf eine kuriose Weise, die ihrem Liebreiz eine humoristische Note hinzufügte. Das Netteste an ihnen war, daß sie ein bißchen mollig waren; »angenehm mollig« wäre der richtige Ausdruck.

Es geschah in dem Augenblick, als ich Annabel am Klavier zuhörte und mich gerade in sie verliebte, daß ich Odd Henderson spürte. Ich sage *spürte*, weil ich mir seiner Gegenwart bewußt war, noch bevor ich ihn sah: dasselbe Gefühl für Gefahr, das zum Beispiel den erfahrenen Jäger warnt, wenn er auf eine Klapperschlange oder Wildkatze stößt, hatte auch mich alarmiert.

Ich drehte mich um, und da stand der Bursche im Eingang zum Wohnzimmer, halb drin, halb draußen. Für die anderen muß er nur ein schlaksiger zwölfjähriger Lulatsch gewesen sein, der sich bemüht hatte, dem festlichen Anlaß dadurch gerecht zu werden, daß er sein widerspenstiges Haar gescheitelt und naß an den Kopf geklatscht hatte; die Kammspuren waren noch zu sehen. Mir aber erschien er so unerwartet-unheilvoll wie ein aus seinem Flaschengefängnis befreiter böser Geist. Was für ein Narr war ich doch gewesen, zu glauben, daß er sich hier nicht sehen lassen würde! Nur ein Dummkopf wäre nicht darauf gekommen, daß er aus purer Bosheit erscheinen würde: aus Freude daran, mir den langerwarteten Tag zu verderben.

Odd hatte mich jedoch noch gar nicht gesehen: Annabel, deren kräftige Finger geschickt über die verzogenen Tasten turnten, hatten ihn abgelenkt, und mit leicht geöffnetem Mund und zusammengekniffenen Augen beobachtete er sie, als hätte er sie nackt bei einem kühlen Bad in unserem Flüßchen überrascht. Es war, als ob er ein langersehntes Wunschbild betrachtete; seine ohnehin roten Ohren wurden tomatenfarben. Der bezaubernde Anblick blendete ihn so, daß ich mich unmittelbar an ihm vorbeiquetschen und durch die Diele in die Küche rennen konnte.

»Er ist da!«

Meine Freundin war schon seit Stunden mit ihrer Arbeit fertig; außerdem hatte sie noch zwei Negerinnen zur Aushilfe. Trotzdem hielt sie sich seit dem Beginn unseres Festes in der Küche verborgen, angeblich, um der dorthin verbannten Queenie Gesellschaft zu leisten. In Wirklichkeit hatte sie Angst vor jeder Ansammlung von Menschen, selbst wenn sie nur aus Verwandten bestand, was auch einer der Gründe dafür war, daß sie trotz ihrem Vertrauen in die Bibel und deren Held nur selten in die Kirche ging. Obwohl sie Kinder liebte und sich unter ihnen wohlfühlte, konnte man sie doch nicht als Kind gelten lassen; sie selber wiederum betrachtete sich nicht als zu den Erwachsenen gehörig und benahm sich in ihrer Gesellschaft wie eine schüchterne junge Dame, schweigsam und leicht verlegen. Aber sich eine Gesellschaft vorzustellen, stimmte sie freudig; schade nur, daß sie nicht unsichtbar daran teilnehmen konnte: wie festlich wäre ihr dann zumute gewesen.

Ich bemerkte, daß die Hände meiner Freundin zitterten, und meine zitterten auch. Für gewöhnlich trug sie Baumwollkleider, Tennisschuhe und Onkel B.s abgelegte Pullover; für förmliche Anlässe dagegen hatte sie nichts. Heute ertrank sie in etwas, das sie von einer ihrer kompakten Schwestern ausgeliehen hatte, einem verkrumpelten dunkelblauen Kleid, das dessen Besitzerin seit undenklichen Zeiten bei jeder Beerdigung in der Umgebung angehabt hatte.

»Er ist da«, verkündigte ich zum drittenmal. »Odd Henderson.«

»Warum bist du dann nicht bei ihm?« sagte sie tadelnd. »Das ist unhöflich, Buddy. Er ist dein spezieller Gast. Du solltest drin sein und dich darum kümmern, daß er alle kennenlernt und sich gut unterhält.«

»Ich *kann* nicht. Ich kann nicht mit ihm reden.«

Queenie lag zusammengerollt auf ihrem Schoß und ließ sich den Kopf kraulen; meine Freundin stand auf, setzte Queenie auf den Boden, wobei ein dunkelblaues, mit Hundehaaren übersätes Stück Stoff zum Vorschein kam, und sagte: »*Buddy.* Willst du etwa sagen, daß du mit dem Jungen überhaupt noch nicht gesprochen hast?«

Meine Ungezogenheit ließ sie ihre Schüchternheit vergessen; sie nahm mich bei der Hand und steuerte mit mir auf das Wohnzimmer zu.

Sie hätte sich um Odd keine Sorgen zu machen brauchen. Annabel Conklins Reize hatten ihn zum Klavier hingezogen. Da hockte er doch tatsächlich neben ihr auf der Klavierbank, hockte da und starrte ihr hinreißendes Profil an, mit Augen, so stumpfsinnig, wie ich sie bei dem ausgestopften Walfisch gesehen hatte, als im Sommer eine Wanderschau in die Stadt kam (er war angekündigt als *Der Echte Moby Dick*, und es kostete fünf Cent, seine Überreste zu besichtigen – so ein Schwindel!). Was Annabel anging, die flirtete mit allem, was ihr in den Weg kam – das heißt nein, das ist ungerecht; denn eigentlich war das bei ihr nur eine Form von Großherzigkeit, von Lebensfreude. Trotzdem versetzte es mir einen Stich, als ich sah, wie sie diesem Pferdeschlächter schöntat.

Mich hinter sich herziehend, stellte meine Freundin sich ihm vor: »Buddy und ich, wir freuen uns so, daß du gekommen bist.« Odd hatte die Manieren eines Ziegenbocks: weder stand er auf, noch gab er ihr die Hand, er sah sie kaum an, und mich schon gar nicht. Zwar eingeschüchtert, doch ohne sich geschlagen zu geben, sagte meine Freundin: »Vielleicht singt Odd uns etwas vor. Ich weiß, daß er das kann; seine Mutter hat es mir gesagt. Annabel, Liebling, spiel doch mal was, das Odd kennt.«

Erst jetzt, beim Wiederdurchlesen, fällt mir auf, daß ich Odd Hendersons Ohren noch gar nicht richtig beschrieben habe – eine schwere Unterlassungssünde, denn sie waren wirklich eine Sehenswürdigkeit, genau wie die von Alfafa in den komischen »Our-Gang«-Filmen. Jetzt, als Annabel in schmeichelhafter Weise auf die Bitte meiner Freundin einging, wurden sie so knallrot, daß es einem in den Augen wehtat. Er murmelte etwas vor sich hin und schüttelte mit Armsündermiene den Kopf; aber Annabel fragte: »Kennst du ›Ich sah das Licht leuchten‹?« Er kannte es nicht, aber ihr nächster Vorschlag wurde mit einem Grinsen des Erkennens begrüßt; auch der größte Narr mußte merken, daß seine Bescheidenheit nur gespielt war.

Kichernd schlug Annabel einen vollen Akkord an, und Odd begann mit frühreif männlicher Stimme: »Wenn der Zei, Zei, Zeisig baut flei, flei, fleißig sein Nest.« Der Adamsapfel hüpfte in seinem angespannten Hals auf und ab; Annabels Begeisterung wuchs; das schrille Gegacker der Frauen ließ nach, als sie merkten, daß da etwas geboten wurde. Odd war gut, er konnte singen, gar kein Zweifel, und die Eifersucht, die mich durchfuhr, hatte genügend Kraft, einen elektrischen Stuhl unter Strom zu setzen. Mord war, was ich im Sinn hatte. Ich hätte ihn ebenso leicht umbringen können, wie man eine Mücke zerquetscht. Leichter sogar.

Wieder, und ohne daß selbst meine Freundin es merkte, die in den musikalischen Genuß vertieft war, entwischte ich aus dem Wohnzimmer und suchte »Die Insel« auf. Diesen Namen hatte ich der Stelle im Haus gegeben, wo ich hinging, wenn ich niedergeschlagen war oder unerklärlich übermütig, oder wenn ich einfach nur nachdenken wollte. Es war ein riesiger Wandschrank, der zu unserem einzigen Badezimmer gehörte. Von den sanitären Einrichtungen abgesehen, glich das Ba-

dezimmer einem zweisitzigen Roßhaarsofa, Flickenteppichen, einer Kommode, einem Kamin und gerahmten Reproduktionen von »Der Arzt-Besuch«, »Septembermorgen«, »Schwanenteich« und einer Menge von Kalendern.
Der Wandschrank hatte zwei kleine Fenster mit bunten Glasscheiben; das Licht drang in rosa, bräunlich und grün gefärbten Mustern durch die Fenster, die auf das eigentliche Badezimmer gingen. An einigen Stellen war die Farbe der Scheiben verblichen oder abgesprungen; wenn man an eine solche Stelle das Auge legte, konnte man jeden, der den Raum aufsuchte, erkennen. Nachdem ich mich dort eingeschlossen und eine Zeitlang mit finsteren Gedanken über den Erfolg meines Feindes nachgebrütet hatte, störten mich Schritte auf: Mrs. Mary Taylor Wheelwright blieb vor einem Spiegel stehen, bearbeitete temperamentvoll ihr Gesicht mit einer Puderquaste, legte Rouge auf ihre welken Wangen und verkündete, nachdem sie sich von der Wirkung überzeugt hatte: »Sehr hübsch, Mary. Auch wenn Mary das selber sagt.«
Es ist bekannt, daß Frauen länger leben als Männer; sollte es einfach ihre größere Eitelkeit sein, die sie am Leben erhält? Jedenfalls besänftigte Mrs. Wheelwright mein Gemüt so, daß ich, als kurz nach ihrem Abgang die kräftig geläutete Essens-

glocke durch das Haus schallte, beschloß, mein Versteck aufzugeben und das Fest zu genießen – Odd Henderson hin oder her.
Aber genau in diesem Augenblick näherten sich von neuem Schritte. *Er* erschien, und er sah weniger mürrisch aus als je zuvor. Selbstbewußt. Pfeifend. Und während er seine Hose aufknöpfte und einen kräftigen Strahl losließ, pfiff er, munter wie ein Vogel in einem Sonnenblumenfeld, weiter. Als er gerade gehen wollte, erregte eine offene Schachtel auf der Kommode seine Aufmerksamkeit. Es war eine Zigarrenkiste, in der meine Freundin neben Zeitungsausschnitten mit Kochrezepten und allem möglichen anderem Kram auch eine Kamee-Brosche aufbewahrte, die sie vor langer Zeit von ihrem Vater bekommen hatte. Abgesehen davon, daß ihr das Stück als Andenken teuer war, schrieb ihre Einbildungskraft ihr auch noch außergewöhnliche Kostbarkeit zu. Immer, wenn wir Anlaß hatten, uns über ihre Schwestern oder Onkel B. zu beklagen, sagte sie einfach: »Laß nur, Buddy. Wir verkaufen meine Kamee und gehen fort. Wir fahren mit dem Bus nach New Orleans.« Obwohl wir nie darüber sprachen, was wir in New Orleans eigentlich anfangen wollten, oder wovon wir leben würden, wenn das Geld für die Brosche einmal zu Ende ging, waren wir von dieser Vor-

stellung berauscht. Vielleicht ahnte jeder von uns insgeheim, daß die Brosche nur ein Modeschmuck aus dem Warenhaus war; dennoch war sie für uns ein Talisman von echter, wenn auch unerprobter magischer Kraft: ein Zaubermittel, das uns Freiheit verhieß, sollten wir tatsächlich beschließen, unser Glück in der Fremde zu suchen. Darum trug meine Freundin die Brosche auch nie, denn sie war ein viel zu kostbarer Schatz, als daß man ihren Verlust oder ihre Beschädigung hätte riskieren können.

Nun sah ich Odd seine frevelhaften Finger danach ausstrecken, sah, wie er die Brosche ein paarmal auf seiner Hand tanzen, sie in das Kistchen zurückfallen ließ und zur Tür ging. Dann zurückkam. Diesmal holte er die Kamee rasch heraus und ließ sie in seine Tasche gleiten. Meine erste wütende Regung war, aus dem Schrank zu stürzen und ihn zu stellen; ich glaube, in diesem Augenblick hätte ich ihn auf den Rücken legen können. *Aber* – Erinnern Sie sich, wie früher die Witzblattzeichner einen plötzlichen Einfall darstellten, in dem sie über die Stirn von Tom oder Bill oder sonstwem eine aufleuchtende Glühbirne malten? Genauso ging es mir: eine glühendheiße Birne erleuchtete blitzartig und strahlend mein Gehirn. Mir wurde heiß und kalt dabei – aber lachen mußte ich auch. Odd hatte mir ein ideales Rachewerkzeug in die Hand gegeben, mit dem ich ihm all seine Kletten heimzahlen konnte.

Im Eßzimmer hatte man lange Tische so aneinandergesetzt, daß sie ein T bildeten. Onkel B. saß obenan in der Mitte, Mrs. Mary Taylor Wheelwright rechts und Mrs. Conklin links von ihm. Odd saß zwischen zwei der Conklin-Schwestern, eine von ihnen Annabel, deren Komplimente ihn bei bester Stimmung hielten. Meine Freundin hatte sich an das untere Tischende zwischen die kleinsten Kinder gesetzt; angeblich hatte sie sich diesen Platz ausgesucht, weil sie von da aus schneller in die Küche kam, aber in Wirklichkeit wollte sie natürlich gar nicht woanders sitzen. Queenie, die es fertiggebracht hatte, aus der Küche zu entwischen, lief zitternd und schwanzwedelnd vor Aufregung zwischen den vielen Beinen unter dem Tisch hin und her, aber niemand schien etwas dagegen zu haben, wahrscheinlich, weil alle fasziniert waren vom Anblick der noch untranchierten, knusprig gebratenen Truthähne und den köstlichen Düften, die aus den Schüsseln mit Mais- und Eibischgemüse, gebratenen Zwiebeln und heißen Fleischpasteten aufstiegen.

Auch mir wäre das Wasser im Mund zusammengelaufen, wenn die atemberaubende Aussicht auf totale Rache ihn nicht völlig ausgetrocknet hätte. Einen Moment lang verspürte ich beim Anblick von Odd Hendersons erhitztem Gesicht zwar so etwas wie Bedauern, aber wirkliche Skrupel hatte ich nicht.

Onkel B. sprach das Tischgebet. Mit gesenktem Kopf und geschlossenen Augen, die schwieligen Hände voll Andacht gefaltet, dröhnte er: »Gesegnet seist Du, Herr, für die Freigiebigkeit, mit der Du unseren Tisch bestellt hast, die mannigfachen Früchte, für die wir an diesem Thanksgiving Day eines mühevollen Jahres Dir zu danken haben« – seine so selten gehörte Stimme krächzte hohl wie eine verstimmte alte Orgel in einer leeren Kirche – »Amen«.

Dann, als die Stühle gerückt und raschelnd die Servietten entfaltet wurden, trat die notwendige Pause ein, auf die ich gewartet hatte. »Einer hier am Tisch ist ein Dieb.« Ich sprach klar und deutlich und wiederholte meine Beschuldigung mit noch nachdrücklicherer Betonung: »Odd Henderson ist ein Dieb. Er hat Miß Sooks Kamee gestohlen.«

Servietten schimmerten in halberhobenen, bewegungslosen Händen. Männer husteten, die Conklin-Schwestern schnappten im Quartett nach Luft, und der kleine Perk McCloud kriegte einen

Schluckauf, wie das bei Kindern, wenn sie sich erschrecken, leicht vorkommt.

Mit einer Stimme, die halb vorwurfsvoll, halb ängstlich klang, sagte meine Freundin: »Das ist nicht Buddys Ernst. Er macht nur Spaß.«

»Es ist wohl mein Ernst. Wenn du mir's nicht glaubst, dann sieh doch in deinem Kästchen nach. Die Kamee ist nicht mehr drin. Odd Henderson hat sie in der Tasche.« »Budd hat eine schwere Bronchitis gehabt«, murmelte sie. »Nimm es ihm nicht übel, Odd. Er weiß nicht, was er redet.«

Ich sagte: »Sieh in deinem Kästchen nach. Ich habe gesehen, wie er sie genommen hat.«

Onkel B., der mich mit erschreckender Kälte anstarrte, griff ein: »Vielleicht gehst du wirklich mal nachsehen«, sagte er zu Miß Sook. »Dann ist die Sache klar.«

Es kam nicht oft vor, daß meine Freundin sich ihrem Bruder widersetzte; auch jetzt tat sie es nicht. Aber ihre Blässe und ihre ängstlich zusammengezogenen Schultern verrieten, mit welcher Abneigung sie seiner Aufforderung nachkam. Sie blieb kaum eine Minute fort, aber mir kam es wie eine Ewigkeit vor. Feindseligkeit keimte auf und legte sich um die Tischrunde wie eine mit tückischer Geschwindigkeit aufschießende Dornenhecke – und das Opfer, das in ihr gefangen saß, war

nicht der Angeklagte, sondern der Kläger. Mir wurde übel; Odd dagegen schien ruhig wie ein Toter.
Miß Sook kam zurück, und sie lächelte. »Schäm dich, Buddy«, schalt sie mit drohend erhobenem Finger. »Solche Scherze zu machen. Meine Kamee war genau da, wo ich sie hingetan hatte.«
Onkel B. sagte: »Du wirst dich jetzt sofort bei unserem Gast entschuldigen, Buddy.«
»Nein, das braucht er nicht«, sagte Odd Henderson und stand auf. »Er hat die Wahrheit gesagt.« Er griff in die Tasche und legte die Kamee auf den Tisch. »Ich wollte, ich könnte was zu meiner Entschuldigung sagen. Aber ich kann's nicht.« Auf dem Weg zur Tür sagte er noch: »Sie müssen wirklich 'ne prima Dame sein, daß Sie so für mich geschwindelt haben, Miß Sook.« Und dann ging er, verdammt noch mal, einfach weg.

Ich auch. Nur daß ich rannte. Ich stieß meinen Stuhl zurück, so daß er umfiel. Der Krach scheuchte Queenie auf; sie schoß unter dem Tisch hervor, bellte und bleckte die Zähne. Miß Sook versuchte mich aufzuhalten, als ich an ihr vorbeikam: »Buddy!« Aber ich wollte nichts mit ihr zu tun haben, genausowenig wie mit Queenie. Der Hund hatte mich angeknurrt, und meine Freundin hatte für Odd Henderson Partei ergriffen; um ihn zu retten, hatte sie gelogen, hatte unsere Freundschaft und meine Liebe verraten: alles Dinge, die ich nie für möglich gehalten hätte.

Unterhalb des Hauses lag Simpsons Weide, eine Wiese, leuchtend von Novembergold und rötlichbraunem Gras. Am Rande der Weide lagen eine graue Scheune, ein Schweinestall, ein umzäunter Hühnerhof und ein Räucherhaus. In dieses Räucherhaus, einen dunklen Raum, der selbst an den heißesten Sommertagen kühl war, flüchtete ich mich. Er hatte einen Lehmboden und eine Feuerstelle, die nach Asche von Hickoryholz und Kreosot roch; an den Dachsparren hingen reihenweise Schinken. Es war ein Ort, der mir immer unheimlich gewesen war, aber jetzt empfand ich seine Dunkelheit als Schutz. Ich warf mich zu Boden; mein Brustkorb arbeitete wie die Kiemen eines auf den Strand geworfenen Fisches; es war mir ganz egal, daß ich meinen einzigen guten Anzug verdarb, den mit den langen Hosen: ich lag auf dem mit Asche und heruntergetropftem Fett verdreckten Boden und schlug um mich.

Eins wußte ich genau: noch heute abend würde ich dieses Haus und diese Stadt verlassen. Mich auf die Landstraße machen. Einen Laster anhalten und Kurs auf Kalifornien nehmen. Mir damit mein

Geld verdienen, daß ich in Hollywood Schuhe putzte. Fred Astaires Schuhe. Clark Gables Schuhe. Vielleicht konnte ich auch selber Filmstar werden. Wie Jackie Coogan. Dann würde es ihnen leid tun. Wenn ich erst reich war und berühmt und nicht im Traum daran dachte, ihre Briefe zu beantworten, ja nicht einmal ihre Telegramme.
Plötzlich fiel mir etwas ein, das ihnen vielleicht noch mehr leid tun würde. Die Tür der Hütte war nur angelehnt, und der schmale Sonnenstrahl, der hereinfiel, beschien ein Bord mit Flaschen. Staubigen Flaschen, mit zwei gekreuzten Knochen und einem Totenkopf auf dem Etikett. Wenn ich aus einer von denen trank, dann würden die da oben im Eßzimmer, diese ganze fressende und saufende Bande, dann würden die schon merken, wie sehr einem was leid tun kann. Es lohnt sich, schon um Onkel B.s Reue zu erleben, wenn sie mich kalt und steif hier auf dem Boden des Räucherhauses fanden; es lohnte sich, schon um das Jammern der Leute und das Geheul von Queenie zu hören, wenn mein Sarg in die Friedhofserde gesenkt wurde.
Das Dumme dabei war nur, daß ich von alledem weder etwas sehen noch hören würde, denn wie konnte ich das, wenn ich tot war? Und wenn man nicht das Schuldgefühl und die Reue der Leid-

tragenden beobachten kann, verschafft einem Totsein doch eigentlich gar keine richtige Genugtuung.

Onkel B. muß Miß Sook verboten haben, nach mir zu sehen, bevor der letzte Gast vom Tisch aufgestanden war. Erst am späten Nachmittag hörte ich über die Wiese hinweg ihre Stimme; sie rief meinen Namen, sanft und klagend wie eine trauernde Taube. Ich blieb, wo ich war, und antwortete nicht.

Queenie war es, die mich schließlich fand; sie schnüffelte um das Räucherhaus herum und kläffte, als sie mich witterte; dann kam sie herein, kroch auf mich zu und leckte mir die Hand, ein Ohr und das Gesicht; sie wußte, daß sie häßlich zu mir gewesen war.

Gleich darauf ging weit die Tür auf, und in breiter Bahn strömte das Sonnenlicht herein. Meine Freundin sagte: »Komm her, Buddy.« Und ich ging gern zu ihr. Als sie mich sah, lachte sie. »Ach du meine Güte! Du siehst aus wie geteert – als ob du gefedert werden solltest.« Aber sie machte mir keine Vorwürfe und sagte auch nichts über meinen verdreckten Anzug.

Queenie trottete davon, ein paar Kühe ärgern; und wir gingen hinter ihr her über die Weide und setzten uns auf einen Baumstumpf. »Ich hab' dir einen Truthahnschlegel aufgehoben«, sagte sie und gab mir ein in Butterbrotpapier gewickeltes Päckchen. »Und was du immer am liebsten ißt, ein Stück von der Brust.«

Der Hunger, den bis dahin stärkere Gefühle betäubt hatten, traf mich jetzt wie ein Schlag in den Bauch. Ich nagte den Schlegel ab, dann machte ich mich über das Bruststück her, das zarte Fleisch am Gabelbein.

Während ich aß, legte Miß Sook mir den Arm um die Schultern. »Etwas möchte ich dir noch sagen, Buddy. Aus zweimal Unrecht ist noch nie einmal Recht geworden. Es war unrecht von ihm, die Kamee zu nehmen. Aber wir wissen ja nicht, warum er sie genommen hat. Vielleicht wollte er sie nicht einmal behalten. Aber ganz gleich, was ihn dazu gebracht hat, er kann sich nichts dabei gedacht haben. Darum ist das, was du getan hast, viel schlimmer: du hast dir *vorgenommen*, ihn zu demütigen. Es war Absicht. Und jetzt hör mir einmal gut zu, Buddy: es gibt nur eine unverzeihliche Sünde – *absichtliche Grausamkeit*. Für alles andere gibt es Vergebung. Dafür nicht. Verstehst du das, Buddy?«

Ich verstand es, wenn auch nur halb, und die Zeit hat mich gelehrt, daß sie recht hatte. Damals aller-

dings begriff ich vor allem, daß, da meine Rache fehlgeschlagen war, meine Methode falsch gewesen sein mußte. Odd Henderson war – weiß der Teufel wie und warum – aus der Sache herausgekommen, nicht nur als der Überlegenere, sondern auch der Ehrlichere.
»Verstehst du's wirklich, Buddy?«
»So ungefähr schon. Zieh mal«, sagte ich und hielt ihr das eine Ende des Gabelbeins hin.
Wir zogen; das Stück, das ich in der Hand behielt, war das größere – darum durfte ich mir etwas wünschen. Sie wollte wissen, was ich mir wünschte.
»Daß du mein Freund bleibst.«
»Dummkopf«, sagte sie und zog mich an sich.
»Immer?«
»Immer werde ich nicht dasein, Buddy. Du auch nicht.« Ihre Stimme sank wie die Sonne über dem Rand der Weide, verstummte einen Augenblick und hob mit der Kraft der neuaufgehenden Sonne wieder an. »Doch, immer. So Gott will, wirst du noch lange leben, wenn ich nicht mehr da bin. Und solange du an mich denkst, werden wir immer zusammen sein.«
Von da an ließ Odd Henderson mich in Ruhe. Er fing an, sich mit einem gleichaltrigen Jungen, Squirrel McMillan, anzulegen. Und im Jahr darauf

ließ unser Schulleiter ihn wegen seiner mangelhaften Zensuren und seiner schlechten Führung nicht mehr zum Unterricht zu, und er verbrachte den Winter als Arbeiter auf einer Farm mit Milchwirtschaft. Das letztemal sah ich ihn, kurz bevor er per Anhalter nach Mobile fuhr, zur Handelsmarine ging und verschwand. Das muß in dem Jahr gewesen sein, bevor man mich zu einem trübseligen Dasein auf der Militärakademie verurteilte, zwei Jahre bevor meine Freundin starb. Im Herbst 1934 also.

Miß Sook hatte mich in den Garten gerufen; sie hatte eine blühende Chrysanthemenstaude in einen Waschbottich umgepflanzt und brauchte Hilfe, ihn die Stufen hinauf auf die Veranda zu tragen, wo er sich prächtig ausnehmen würde. Das Ding war schwerer als vierzig fette Seeräuber, und während wir uns erfolglos mit ihm abmühten, kam Odd Henderson vorbei. Er blieb am Gartentor stehen, dann kam er herein und sagte: »Lassen Sie mich das machen, Ma'am.« Das Leben auf der Farm hatte ihm gutgetan; er war breiter geworden, seine Arme waren sehnig, und seine früher rote Gesichtsfarbe hatte sich zu einem gesunden Braun vertieft. Mühelos hob er den großen Bottich auf und setzte ihn auf die Veranda.

Meine Freundin sagte: »Ich bin Ihnen sehr ver-

bunden, Sir. Das war wirklich freundlich von Ihnen.«
»Nicht der Rede wert«, sagte er; und mich behandelte er nach wie vor wie Luft.
Miß Sook brach ein paar ihrer schönsten Blumen ab. »Bring die deiner Mutter mit«, sagte sie, als sie ihm den Strauß gab, »und grüß sie herzlich von mir.«
»Danke Ma'am. Mach' ich.«
»Aber vorsichtig, Odd«, rief sie ihm nach, als er schon wieder auf der Straße war, »das sind Löwen!« Aber er war schon außer Hörweite. Wir sahen ihm nach, bis er um die nächste Biegung verschwand – nicht ahnend, welche Gefahr er in Händen trug: Chrysanthemen, die loderten und in die grünlich sich herabsenkende Dämmerung hinein knurrten und brüllten.

Thanksgiving Day ist ein amerikanischer Nationalfeiertag, dessen Datum früher schwankte, 1941 durch Kongreßbeschluß aber endgültig auf den jeweils 4. Donnerstag im November festgesetzt wurde. Das erste Thanksgiving wurde 1621 von

den ein Jahr zuvor mit der Mayflower herübergekommenen Pilgervätern gefeiert, um Gott für ihr Überleben und die reiche Ernte zu danken. Den Höhepunkt des Tages, wie er heute begangen wird, bildet das traditionelle Familienfestmahl mit dem berühmten amerikanischen Truthahn als Hauptgericht.
Die Lieder aus dem Repertoire der Schwestern Conklin heißen im Original: »Indian Love Call«, »Don't Steal Daddy's Medals, He Won Them for Bravery«, »I Have Seen the Light« und »When the red, red robin comes bob, bob, bobbin' along.*«*

Der silberne Krug

Nach der Schule arbeitete ich immer im Walhalla-Drugstore. Er gehörte meinem Onkel, Mr. Ed. Marshall. Ich nenne ihn Mr. Marshall, weil alle, einschließlich seiner Frau, ihn Mr. Marshall nannten. Trotzdem war er ein netter Mensch.

Sein Drugstore war vielleicht ein bißchen altmodisch, aber er war groß und dunkel und kühl: Während der Sommermonate gab es keinen angenehmeren Ort in der ganzen Stadt. Wenn man hineinkam, stand zur Linken der Ladentisch für Tabakwaren und Zeitschriften, hinter dem Mr. Marshall gewöhnlich saß: Ein untersetzter Mann mit einem viereckigen, geröteten Gesicht und einem gezwirbelten, männlichen weißen Schnurrbart. Dem Ladentisch gegenüber stand die prächtige Sodabar. Sie war sehr alt und aus feinem gelblichen Marmor hergestellt, der sich ganz glatt anfühlte aber nicht mit billiger Glasur überzogen war. Mr. Marshall hatte sie 1910 auf einer Auktion in New Orleans erstanden und war sehr stolz darauf. Wenn man auf einem der hohen, schlanken Hocker saß und über die Bar blickte, konnte man sich verschwommen, wie bei Kerzenlicht, in einer Reihe alter Mahagonispiegel betrachten. Auch die einfache Ware war in Vitrinen untergebracht, hinter Glastüren, die mit Messingschlüsseln verschlossen waren. Diese Vitrinen sahen aus, als enthielten sie kostbare Raritäten. Es lag immer ein Geruch von Sirup, Muskatnuß und anderen köstlichen Dingen in der Luft.

Im Walhalla traf sich die ganze Wachata County, bis ein gewisser McPherson in die Stadt kam und einen zweiten Drugstore eröffnete, auch auf dem Rathausplatz, direkt gegenüber. Dieser Rufus McPherson war ein ganz gemeiner Kerl; er nahm meinem Onkel nämlich die Kundschaft fort. Er richtete sich sehr modern ein, hatte zum Beispiel elektrische Ventilatoren und farbige Glühbirnen; er trug den Vorüberfahrenden die Waren ans Auto und machte gegrillte Käse-Sandwiches auf Bestellung. Wenn auch manche Mr. Marshall treu blieben, die meisten konnten Rufus McPherson doch nicht wiederstehen.

Eine geraume Zeit versuchte Mr. Marshall, ihn zu übersehen: Wenn man McPhersons Namen erwähnte, ließ er so etwas wie ein Schnauben vernehmen, zwirbelte seinen Schnurrbart und blickte fort. Aber man sah, daß er wütend war. Und er wurde immer wütender. Eines Tages dann, es war so Mitte Oktober, kam ich ins Walhalla und sah ihn an der Bar sitzen, Domino spielen und mit Hamurabi Wein trinken.

Hamurabi war ein Ägypter und so etwas Ähnliches wie ein Dentist, wenn er auch nicht viel zu tun hatte, denn die Leute haben hier in der Gegend ungewöhnlich gesunde Zähne, die sie einem besonderen Stoff, den das Wasser enthält, zu verdanken haben. Die meiste Zeit lungerte er im Walhalla herum, und er war der beste Freund meines Onkels. Es war ein hübsches Mannsbild, dieser Hamurabi, dunkelhäutig und fast zwei Meter groß. Die Mütter unserer Stadt steckten ihre Töchter hinter Schloß und Riegel und machten ihm selber schöne Augen. Er hatte überhaupt keinen fremden Akzent, und ich war immer der Überzeugung, daß er sowenig ein Ägypter war wie der Mann im Mond.

Jedenfalls tranken sie da nun in großen Zügen roten italienischen Wein aus einem Vier-Liter-Krug. Es war ein betrüblicher Anblick, denn Mr. Marshall war weit und breit als Antialkoholiker bekannt. So war natürlich mein erster Gedanke: O Himmel, Rufus McPherson hat es also doch geschafft. Das war aber gar nicht der Fall.

»Komm her, mein Sohn«, sagte Mr. Marshall, »und trink ein Glas Wein mit uns.«
»Ja«, sagte Hamurabi, »du mußt uns helfen, ihn leer zu machen. Er ist aus dem Laden, wir können ihn nicht verkommen lassen.«
Viel später, als der Krug geleert war, nahm Mr. Marshall ihn auf und sagte: »Na, wir werden ja sehn!« Und damit verschwand er in den Nachmittag.
»Wo will er denn hin?« fragte ich.
»Tja«, war alles, was Hamurabi antwortete. Es machte ihm Spaß, mich zu foppen.
Eine halbe Stunde verstrich, ehe mein Onkel wiederkam. Er ging ganz krumm und stöhnte unter der Last, die er trug. Er stellte den Krug auf die Bar, trat zurück und rieb sich lächelnd die Hände.
»Nun, was haltet ihr davon?«
»Hm«, schnurrte Hamurabi.
»O je . . .«, sagte ich.
Es war derselbe Weinkrug, bei Gott, aber er hatte sich inzwischen wunderbar verändert; denn er war jetzt bis zum Rand mit Fünf- und Zehncentstükken vollgepfropft, die matt durch das dicke Glas schimmerten.
»Hübsch, was?« sagte mein Onkel. »In der First National habe ich das machen lassen. Größere Stücke als Fünfer gingen nicht ’rein. Aber es ist

trotzdem ’ne Menge Geld drin, das kann ich euch sagen.«

»Aber was soll das, Mr. Marshall?« sagte ich. »Ich meine, was hat das für einen Sinn?«

Mr. Marshalls Lächeln ging in ein Grinsen über. Das hier ist ein Krug voll Silber, man könnte sagen . . .«

»Das Schüsselchen am Ende des Regenbogens«, unterbrach Hamurabi.

». . . und der Sinn, wie du es nennst ist der, daß die Leute raten sollen, wieviel Geld da drin ist. Sagen wir zum Beispiel, du kaufst etwas für fünfundzwanzig Cents – gut, damit erwirbst du dir die Chance, zu raten. Je mehr du kaufst, desto öfter darfst du raten. Und ich werde bis zum Heiligen Abend alle Zahlen in mein Hauptbuch eintragen. An diesem Tag aber bekommt derjenige, der der richtigen Summe am nächsten gekommen ist, den ganzen Ramsch.«

Hamurabi nickte feierlich. »Er spielt den Weihnachtsmann – einen ganz schön gerissenen Weihnachtsmann«, sagte er. »Ich geh jetzt nach Haus und schreib ein Buch: Der raffinierte Mord an Rufus McPherson.« Um die Wahrheit zu sagen, er schrieb wirklich manchmal Geschichten und schickte sie an verschiedene Magazine. Aber sie kamen immer wieder zurück.

Es war überraschend und kam einem Wunder gleich, wie die Wachata County den Krug aufnahm. Seit den Tagen des Bahnvorstehers Tully, der armen Seele, hatte das Walhalla kein solches Geschäft mehr gemacht. Tully war damals plötzlich verrückt geworden und hatte überall verbreitet, er habe hinter dem Bahnhof Öl entdeckt, was zur Folge hatte, daß die Stadt von wilden Ölsuchern überschwemmt wurde. Sogar die größten Trunkenbolde, die nie einen Cent für etwas anderes ausgaben als für Whisky oder Weiber, hielten jetzt ihr Geld zusammen und legten es in Milchmischgetränken an. Ein paar ältliche Damen mißbilligten zwar öffentlich Mr. Marshalls Unternehmen als eine Art von Glücksspiel, aber sie machten uns weiter keine Scherereien, und einige kamen uns sogar gelegentlich besuchen und wagten mitzuraten. Die Schulkinder waren ganz besessen von der Sache, und ich wurde bei ihnen sehr beliebt, weil sie dachten, ich wüßte die richtige Antwort.

»Ich will dir sagen, warum das alles so ist«, sagte Hamurabi und zündete sich eine der ägyptischen Zigaretten an, die er sich von einer New Yorker Firma mit der Post schicken ließ. »Es ist nämlich nicht das, was man zunächst annehmen könnte; mit anderen Worten, es ist nicht Habgier. Nein, es ist das Geheimnis, das einen solchen Zauber verbreitet. Man braucht sich ja bloß mal diese Fünf- und Zehncentstücke anzuschaun. Was denkt man dabei: Ah, *so* viel! Nein, nein. Man denkt: Ah, *wie* viel? Und das ist in der Tat eine tiefgründige Frage. Für jeden bekommt sie eine andere Bedeutung. Verstehst du?«

Und Rufus McPherson war vielleicht empört! Wenn man ein Geschäft hat, rechnet man um die Weihnachtszeit mit einem großen Teil seines jährlichen Verdienstes, und gerade jetzt tat er sich schwer, einen Kunden zu finden. So versuchte er, das mit dem Krug nachzumachen; aber weil er ein solcher Geizhals war, tat er nur Eincentstücke hinein. Er schrieb auch einen Brief an die Redaktion des »Banners«, unserer Wochenzeitung, in dem er sagte, daß man Mr. Marshall »teeren und federn und aufhängen sollte, weil er kleine unschuldige Kinder in gewiegte Spieler verwandelt und sie auf den Weg zur Hölle führt«! Es läßt sich denken, wie lächerlich er sich machte. Niemand hatte für McPherson etwas anderes übrig als Spott. Und so stand er ab Mitte November etwa nur noch vor seinem Laden auf der Straße und starrte bitterböse auf das fröhliche Treiben jenseits des Platzes.

Um diese Zeit etwa tauchten Appleseed und seine Schwester zum erstenmal auf. Er war in unserer

Stadt nicht bekannt. Wenigstens konnte sich niemand erinnern, ihn je zuvor gesehen zu haben. Er erzählte, daß er eineinhalb Kilometer hinter Indian-Branches auf einer Farm wohne; berichtete daß seine Mutter nur vierundsiebzig Pfund wiege und daß er noch einen älteren Bruder habe, der auf Hochzeiten für fünfzig Cents Geige spielte. Er behauptete, daß Appleseed der einzige Name sei den er habe und daß er zwölf Jahre alt sei. Aber Middy, seine Schwester, sagte er, sei erst acht. Sein Haar war glatt und dunkelblond. Er hatte ein schmales, wettergebräuntes Gesicht mit unruhigen grünen Augen, die einen sehr weisen und erfahrenen Ausdruck hatten. Er war klein und schmächtig und nervös; und er hatte immer dieselben Sachen an: einen roten Pullover, blaue Drillichhosen und ein Paar Stiefel von Männergröße die bei jedem Schritt schlappten.

Es regnete, als er zum erstenmal ins Walhalla kam das Haar klebte an seinem Kopf, als hätte er eine Kappe auf, und seine Stiefel waren vom braunen Lehm der Feldwege dick überkrustet. Middy zottelte hinter ihm her, während er großspurig wie ein Cowboy an die Bar trat, wo ich gerade Gläser wusch.

»Ich hab gehört, ihr habt da Geld in ’ne Flasche gesteckt und wollt die jetzt wegschenken«, sagte er

und sah mich dabei ruhig an. »Wo ihr's doch sowieso hergebt, da wär'n wir sehr dankbar, wenn ihr's uns denn geben tätet. Ich heiße Appleseed, das hier is' meine Schwester Middy.«
Middy war ein ganz armselig aussehendes Kind. Sie war ein gutes Stück größer als ihr Bruder und sah auch älter aus: eine richtige Bohnenstange. Sie hatte kurzes, flachsblondes Haar, das aussah wie abgehackt, und ein blasses, erbarmungswürdiges kleines Gesicht. Sie trug ein verschossenes Baumwollkleidchen, das ihr knapp bis zu den spitzen Knien reichte. Irgend etwas mit ihren Zähnen stimmte nicht, und sie suchte es zu verbergen, indem sie den Mund immer fest zusammenpreßte wie eine alte Dame.
»Tut mir leid«, sagte ich, »aber da mußt du mit Mr. Marshall reden.«
Und das tat er natürlich. Ich hörte, wie mein Onkel ihm erklärte, was er tun müsse, um den Krug zu gewinnen. Appleseed hörte aufmerksam zu, nickte dann und wann. Plötzlich kam er zurück, stellte sich vor den Krug, streichelte ihn ganz vorsichtig und sagte: »Is' sich nich' 'n hübsches Ding, Middy?«
Middy sagte: »Kriegen wir sie?«
»Nee. Was man da erst machen muß, du, man muß raten, wieviel Geld drin is'. Und man muß für

fünfundzwanzig Cents was kaufen, um erst ma' raten zu können.«
»Ooch, wir haben doch aber gar nich' fünfundzwanzig Cents. Was meinst, wie wir fünfundzwanzig Cents kriegen sollen?« Appleseed runzelte die Stirn und rieb sich das Kinn. »Das wird noch das einfachste sein, überlaß das man mir. Viel schwieriger ist: Wenn ich 'ne Chance hab, kann ich 'nich nur raten ... ich muß *wissen.*«
Nun gut, ein paar Tage später sah man sie wieder. Appleseed ließ sich auf einem Barhocker nieder und verlangte ganz ungeniert zwei Glas Wasser, eins für sich und eins für Middy. Das war die Gelegenheit, bei der er uns die Informationen über seine Familie gab: »... dann is' noch Pappa Daddy da, das is' der Pappa von meiner Mamma, das is' 'n Indianer, weil er nämlich nich' gut Englisch sprechen kann. Mein Bruder, der wo Geige spielt, der is' schon dreimal im Kittchen gewesen ... wegen ihm mußten wir weg von Louisiana. Bei 'ner Messerstecherei hat er einen schlimm zugerichtet, wegen 'ner Frau, die war zehn Jahr' älter wie er. Sie hatte blonde Haare.«
Middy, die sich im Hintergrund herumdrückte, sagte nervös: »Du mußt nich' die ganzen privaten Sachen von unsrer Familie erzähln, Appleseed.«
»Halt 'n Mund, Middy«, sagte er, und sie war still.

»Sie is' 'n liebes Ding«, fügte er hinzu, drehte sich um und tätschelte ihren Kopf, »aber sie darf sich nich' alles erlauben. Geh jetzt und schau dir die Bilder in den Zeitschriften an, Liebes, und hör auf, mit den Zähnen so zu machen. Appleseed muß jetzt'n bißchen überlegen.« Das Überlegen bestand darin, daß er unentwegt den Krug anstarrte, als wolle er ihn mit den Augen verschlingen. Das Kinn in die Hand gestützt, sah er ihn lange Zeit an, ohne ein einziges Mal seine Augenlider zu bewegen. »Eine Dame in Louisiana hat gesagt, daß ich sehn kann, was andre Leute nich' sehn können, weil ich mit 'ner Glückshaube auf die Welt gekommen bin.«

»Ist doch klar, daß du nicht sehn kannst, wieviel da drin ist«, sagte ich zu ihm. »Warum läßt du dir nicht einfach eine Zahl einfallen, vielleicht ist das die richtige.«

»Hoch«, sagte er, »das is' verdammt riskant. Ich ... so kann ich das nich' machen. Ich hab mir überlegt, ganz sicher is' die Sache nur, wenn man jeden Fünfer und jeden Zehner zählt.«

»Zählen!«

»Was zählen?« fragte Hamurabi, der gerade hereingekommen war und sich an die Bar setzte.

»Der Junge da sagt, er will zählen, wieviel in dem Krug drin ist«, erklärte ich.

Hamurabi sah Appleseed interessiert an. »Wie willst du das bewerkstelligen, mein Sohn?«
»Oh, eben zählen«, sagte Appleseed sachlich.
Hamurabi lachte. »Dann mußt du schon Röntgenaugen haben, mein Sohn, mehr kann ich dazu nicht sagen.«
»Oh, nein. Die Hauptsache is' nur, daß man mit 'ner Glückshaube auf die Welt gekommen is'. Eine Dame in Louisiana hat das zu mir gesagt. Das war 'ne Hexe; sie hatte mich gern, und als meine Mamma mich nich' zu ihr geben wollte, hat sie sie verhext, und darum wiegt meine Mamma nur noch vierundsiebzig Pfund.«
»Seh-r in-te-res-sant«, bemerkte Hamurabi nur und sah Appleseed ganz merkwürdig an.
Middy bummelte so durch die Gegend und griff nach einer Ausgabe der »Filmgeheimnisse«. Sie zeigte Appleseed ein Photo und sagte: »Is' diese Dame nich' hübsch? Sieh doch nur, Appleseed, siehst du, was die für schöne Zähne hat? Die sind nich' so durcheinander.« – »Mach dir man darum keine Sorgen mehr«, sagte er.
Als sie gegangen waren, bestellte Hamurabi sich eine Flasche Orangeade und trank sie langsam aus, während er eine Zigarette rauchte. »Glaubst du, bei dem Kleinen stimmt da oben alles?« fragte er plötzlich mit nachdenklicher Stimme.

In den kleinen Städten läßt sich Weihnachten am allerbesten feiern, glaube ich. Die Stimmung breitet sich in ihnen schneller aus, sie verwandeln sich und kommen unter diesem Zauber zu einem völlig neuen Leben. Schon in der ersten Dezemberwoche wurden die Haustüren mit Kränzen geschmückt, und in den Schaufenstern sah man schimmernde rote Papierglocken und glitzernden Schnee. Die Kinder wanderten in die Wälder hinaus und kamen mit duftenden Weihnachtsbäumen schwer beladen zurück. Die Frauen fingen an, ihre Stollen zu backen, sie machten die Einmachgläser mit dem Mincemeat auf und die Flaschen mit dem Brombeer- und Scuppernong-Wein. Auf dem Rathausplatz wurde ein riesengroßer Baum mit Lametta und elektrischen Kerzen geschmückt, die nach Sonnenuntergang angezündet wurden. Spät am Nachmittag konnte man den Chor der Presbyterianerkirche Weihnachtslieder für das alljährlich stattfindende Krippenspiel üben hören. In der ganzen Stadt standen die Kamelien in voller Blüte.

Der einzige Mensch, der nicht im geringsten von dieser zu Herzen gehenden Atmosphäre berührt zu sein schien, war Appleseed. Er ging seiner Beschäftigung nach, das Kruggeld zu zählen, und er tat das mit großer und beharrlicher Sorgfalt. Jeden

Tag kam er nun ins Walhalla und konzentrierte sich auf den Krug, wobei er finster vor sich hinblickte und murmelte. Anfangs waren wir alle fasziniert, aber allmählich wurde es langweilig, und niemand kümmerte sich mehr um ihn. Er kaufte nie etwas, offensichtlich war es ihm nicht gelungen, die fünfundzwanzig Cents aufzutreiben. Manchmal sprach er mit Hamurabi, der ein zärtliches Interesse an ihm nahm und ihm gelegentlich Bonbons oder für einen Cent Lakritze schenkte.

»Glauben Sie immer noch, daß er 'n bißchen spinnt?« fragte ich.

»Ich bin mir nicht ganz sicher«, sagte Hamurabi. »Aber du wirst es schon noch erfahren. Er ißt nicht genug. Ich werd' ihn mal ins Café Regenbogen mitnehmen und ihm einen Teller Gulasch bestellen.«

»Fünfundzwanzig Cents wären ihm wahrscheinlich lieber.«

»Nein. Er braucht eine ordentliche Portion Gulasch. Außerdem wäre es für ihn besser, wenn er nie zum Raten käme. Ein so nervöses, so ungewöhnliches Kind, ich möchte nicht dafür verantwortlich sein, wenn er verliert. Sag' doch selbst, es wär' schrecklich.«

Ich will zugeben, daß Appleseed mir zu der Zeit nicht ganz richtig vorkam. Mr. Marshall hatte

Mitleid mit ihm. Die Kinder versuchten ihn zu necken, gaben es aber bald auf, weil er sich einfach nicht um sie kümmerte. Den ganzen Tag sah man ihn nur an der Bar sitzen, mit gerunzelter Stirn, die Augen unentwegt auf den Krug gerichtet. Und er war so abwesend, daß man manchmal das schrecklich unheimliche Gefühl hatte, er existiere vielleicht gar nicht. Und wenn man schon beinahe wirklich davon überzeugt war, wachte er auf und sagte so etwas Ähnliches wie: »Weißt, hoffentlich is' 'n Buffalo-Fünfer drin, von 1913. So'n Junge hat mir gesagt, wo man für 'nen Buffalo-Fünfer von 1913 fünfzig Dollars kriegt.« Oder: »Middy soll 'ne berühmte Dame beim Film werden. Die verdienen 'ne Menge Geld, die Damen, die beim Film mitmachen. Dann essen wir aber keinen Grünkohl mehr, solang wir leben. Nur Middy sagt, sie kann nich' zum Film, wenn sie keine schönen Zähne hat.«

Middy kam nicht immer mit ihrem Bruder mit. An den Tagen, an denen sie nicht dabei war, schien er nicht er selbst zu sein; er war dann scheu und ging bald wieder.

Hamurabi hielt sein Versprechen und lud ihn zu einem Gulasch ins Café ein. »Mr. Hamurabi is' nett, doch, doch«, sagte Appleseed hinterher, »aber er hat so komische Ansichten: Er is' der

Meinung, daß er König wär' oder so was Ähnliches, wenn er an einem Ort leben würde, der Ägypten heißt.«
Und Hamurabi sagte: »Dieses Kind hat ein rührendes Vertrauen. Es ist schön, wenn man das so sieht. Aber ich fange an, die ganze Sache zu verabscheuen.« Und er zeigte zum Krug hinüber. »Eine derartige Hoffnung in einem Menschen zu erwekken ist grausam, und es tut mir verdammt leid, daß ich anfangs mitgemacht habe.«

Im Walhalla vertrieb man sich am liebsten die Zeit damit, zu überlegen, was man kaufen würde, wenn man den Krug bekäme. Unter denen, die dabei mitmachten, waren: Salomon Katz, Phoebe Johnes, Carl Kuhnhardt, Pully Simmons, Eddie Foxcroft, Marvin Finkle, Trudy Edwards und ein Neger namens Erskine Washington. Ein paar ihrer Wünsche waren: eine Reise nach Birmingham, um sich dort Dauerwellen machen zu lassen, ein gebrauchtes Klavier, ein Shetland-Pony, ein goldenes Armband, eine vollständige Ausgabe von Rover-Boys-Büchern und eine Lebensversicherung.
Einmal fragte Mr. Marshall, was Appleseed sich denn wünsche. »Das is' 'n Geheimnis«, war die Antwort, und kein noch so dringendes Bitten konnte ihn dazu bringen, es zu verraten. Aber wir

waren davon überzeugt, daß es ein ganz brennender Wunsch sein mußte, was es auch immer sein mochte.

Richtig Winter wird es bei uns in der Regel erst Ende Januar, und dann ist er auch noch ziemlich mild und dauert nicht lange.

Aber in dem Jahr, von dem ich schreibe, waren wir schon in der Woche vor Weihnachten mit einem ungewöhnlichen Kälteeinbruch gesegnet. Mancher redet heute noch davon, denn es war ganz schrecklich: Die Wasserleitungen froren ein; viele Leute mußten, in ihre Decken gehüllt, den ganzen Tag im Bett bleiben, weil sie es versäumt hatten, genug Holz für den Kamin zu besorgen; der Himmel verwandelte sich in jenes seltsam trübe Grau, das er kurz vor einem Gewitter zeigt, und die Sonne war so blaß wie der abnehmende Mond. Ein scharfer Wind blies. Er fegte die alten, vertrockneten Blätter des vergangenen Herbstes auf den vereisten Boden, und der Tannenbaum auf dem Rathausplatz wurde zweimal seines ganzen Weihnachtsschmuckes beraubt. Wenn man atmete, entstanden Rauchschwaden. Unten bei der Seidenspinnerei, wo die Ärmsten der Armen wohnten, drängten sich die Familien abends in der Dunkelheit zusammen und erzählten sich Geschichten, um sich von der Kälte abzulenken. Draußen auf dem Land bedeckten die Farmer ihre empfindlichen Pflanzen mit Hanfsäcken und beteten; manche nutzten das Wetter aus, schlachteten ihre Schweine und brachten frische Wurst in die Stadt. Mr. R.C. Judkins, der Trunkenbold der Stadt, staffierte sich mit einem roten Rupfengewand aus und spielte den Weihnachtsmann in dem Geschäft, in dem es nur Sachen für fünf und zehn Cents zu kaufen gibt. Mr. R.C. Judkins war Vater einer großen Familie, und alle waren glücklich, ihn einmal so nüchtern zu erleben, daß er in der Lage war, einen Dollar zu verdienen. Auf einer der Feiern, die die Kirche jetzt veranstaltete, standen sich Mr. Marshall und Rufus McPherson plötzlich von Angesicht zu Angesicht gegenüber: Bittere Worte wurden gewechselt, aber es kam zu keiner Schlägerei.

Wie schon erwähnt, lebte Appleseed auf einer Farm, eineinhalb Kilometer hinter Indian-Branches, also annähernd fünf Kilometer von unserer Stadt entfernt; ein riesig langer und einsamer Weg. Aber trotz der Kälte kam er jeden Tag ins Walhalla und blieb bis Ladenschluß, das bedeutete, da die Tage nun kürzer waren, bis nach Einbruch der Dunkelheit. Gelegentlich konnte er den halben Weg mit dem Vorarbeiter von der Seidenspinnerei mitfahren, aber das kam nicht oft vor. Er sah müde aus und bekam tiefe Falten um den Mund. Er fror dauernd und bibberte furchtbar vor Kälte. Ich glaube nicht, daß er irgend etwas Warmes unter seinem roten Pullover und seinen blauen Drillichhosen anhatte.

Es war drei Tage vor Weihnachten, als er plötzlich aus heiterem Himmel verkündete: »Nun, ich bin fertig. Ich meine, ich weiß jetzt, wieviel in der Flasche drin is'.« Er brachte das mit einer solch ernsthaften, feierlichen Sicherheit heraus, daß es schwerfiel, daran zu zweifeln.

»Jetzt hör aber mal auf, mein Sohn«, sagte Hamurabi, der auch gerade da war. »Das kannst du gar nicht wissen. Es ist falsch, sich das einzubilden; du bist drauf und dran, dir nur weh zu tun.«

»Sie brauchen mir keine Predigt zu halten, Mr. Hamurabi. Ich weiß schon, was ich tu. 'ne Dame in Louisiana hat zu mir gesagt . . .«

»Ja, ja, ja – aber du solltest das vergessen. Wenn ich du wäre, würde ich jetzt schön nach Hause gehn und dort auch bleiben und diesen gottverdammten Krug vergessen.«

»Mein Bruder geht heute abend rüber nach Cherokee City, auf 'ne Hochzeit, er soll dort wieder spielen, und er wird mir dann die fünfundzwanzig Cents geben«, sagte Appleseed halsstarrig. »Morgen werd' ich mein Glück versuchen.«

Am nächsten Tag war ich daher einigermaßen aufgeregt, als Appleseed und Middy ankamen. Er hatte wirklich seine fünfundzwanzig Cents: Zur Sicherheit waren sie in den Zipfel eines roten Taschentuches eingebunden.

Die beiden wanderten Hand in Hand an den Auslagen entlang und beratschlagten flüsternd, was sie sich kaufen sollten. Schließlich entschieden sie sich für ein fingerhutgroßes Fläschchen Gardenia-Cologne, das Middy sofort aufmachte und sich zur Hälfte aufs Haar goß. »Es riecht wie . . . oh, liebe Mutter Gottes, ich hab noch nie so was Süßes gerochen. Komm Appleseed, Liebling, laß mich auch was auf dein Haar spritzen.« Aber er ließ es nicht zu.

Mr. Marshall suchte sein Hauptbuch heraus, das alle Zahlen enthielt, während Appleseed zur Bar schlenderte; er legte beide Hände um den Krug und streichelte ihn sanft. Seine Augen leuchteten und seine Wangen glühten vor Erregung. Ein paar Leute, die im Augenblick gerade im Drugstore waren, drängten sich näher heran. Middy stand im Hintergrund, kratzte sich seelenruhig am Bein und roch an dem Cologne. Hamurabi war nicht da. – Mr. Marshall leckte an seiner Bleistiftspitze und lächelte. »O.k., mein Sohn, was soll ich nun schreiben?«

Appleseed holte tief Luft. »Siebenundsiebzig Dollar und fünfunddreißig Cents«, platzte er heraus.
Mit dem Nennen einer so ungeraden Zahl bewies er Originalität, weil im großen und ganzen nur runde Ziffern geraten worden waren. Mr. Marshall wiederholte feierlich den Betrag, während er ihn niederschrieb.
»Wann erfahr' ich, ob ich gewonnen hab?«
»Am Heiligen Abend«, sagte irgend jemand.
»Das is' morgen, wie?«
»Ja, so ist es«, sagte Mr. Marshall ohne jegliche Überraschung. »Komm um vier Uhr.«

Während der Nacht sank das Thermometer noch tiefer, und gegen Morgen gab es einen jener heftigen sommergleichen Regengüsse, so daß der nächste Tag heiter und frostig war. In der Stadt sah es aus wie auf einer Ansichtskarte aus dem Norden, mit weißen glitzernden Eiszapfen an den Bäumen und Eisblumen auf allen Fensterscheiben. Mr. R. C. Judkins stand in aller Frühe auf, stampfte ohne ersichtlichen Grund durch die Straßen und läutete mit einer Tischglocke; ab und zu blieb er stehen, um einen Schluck Whisky aus einer kleinen Flasche zu nehmen, die er in seiner hinteren Tasche verborgen hielt. Da der Tag windstill war, stieg aus vielen Schornsteinen der Rauch gemächlich und geradewegs zum klaren, frostigen Himmel auf. Ein bißchen später war der Presbyterianische Chor schon in vollem Schwung; und die Kinder (sie trugen schreckenerregende Masken wie am Abend vor Allerheiligen) jagten einander rund um den Platz und machten einen ohrenbetäubenden Lärm.

Hamurabi kam gegen Mittag, um uns beim Ausschmücken von Walhalla behilflich zu sein. Er brachte eine große Tüte mit Mandarinen mit, die wir zusammen alle aufaßen; die Schalen warfen wir in den neuen dickbauchigen Ofen (ein Geschenk Mr. Marshalls an sich selbst), der in der Mitte des Ladens stand. Dann nahm mein Onkel den Krug von der Bar, polierte ihn blank und stellte ihn auf einen Tisch, von dem aus man ihn gut sehen konnte. Danach war er für uns überhaupt keine Hilfe mehr, denn er hockte auf einem Stuhl und verbrachte die ganze Zeit damit, eine zerknitterte grüne Schleife um den Krug zu binden und sie wieder abzunehmen. So mußten Hamurabi und ich das übrige allein machen: Wir fegten den Boden, rieben die Spiegel blank, staubten die Vitrinen ab und zogen rote und grüne Bänder aus Kreppapier von einer Wand zur andern. Als wir fertig waren, sah alles sehr hübsch und elegant aus.

Aber Hamurabi sah trübselig auf unser Werk und sagte: »Nun, ich denke, ich mach jetzt, daß ich fortkomme.«
»Du willst nicht bleiben?« fragte Mr. Marshall betroffen.
»Oh, nein, nein«, sagte Hamurabi und schüttelte langsam seinen Kopf. »Ich will nicht das Gesicht dieses Kindes sehen. Heut ist Weihnachten, und ich hab die Absicht, mich zu amüsieren. Und das kann ich nicht, nicht, wenn ich mir das aufs Gewissen lade. Teufel, ich könnt nicht mal schlafen.«
»Mach, was du willst«, sagte Mrs. Marshall. Und er zuckte die Achseln, aber man konnte sehen, daß er sich verletzt fühlte. »So ist das Leben eben – und außerdem, wer weiß denn, ob er nicht gewinnt?«
Hamurabi seufzte schwermütig. »Was hat er geraten?«
»Siebenundsiebzig Dollar und fünfunddreißig Cents«, sagte ich.
»Gebt doch zu, das ist doch hirngespinstig«, sagte Hamurabi. Er ließ sich neben Mr. Marshall auf einen Stuhl fallen, schlug die Beine übereinander und zündete sich eine Zigarette an. »Wenn du Baby Ruth dahast, möcht' ich gern eins, ich hab 'nen ganz bitteren Geschmack im Mund.«

Der Nachmittag schlich dahin, und wir saßen alle drei um den Tisch herum und fühlten uns schrecklich elend. Es wurde kaum ein Wort gesprochen, und als die Kinder nun den Platz verlassen hatten, hörte man nur noch die Uhr vom Rathausturm die Stunden schlagen. Das Walhalla war geschlossen, aber ständig gingen Leute vorbei und schauten verstohlen ins Fenster. Um drei Uhr sagte Mr. Marshall mir, ich solle die Tür aufschließen.

Innerhalb von zwanzig Minuten war der Raum proppenvoll; alle hatten sie ihre Sonntagskleider an, und in der Luft lag ein süßlicher Geruch, denn die meisten der kleinen Mädchen von der Seidenspinnerei hatten sich mit Vanille einparfümiert. Sie drängten sich an den Wänden entlang, setzten sich auf die Bar, quetschten sich hinein, wo immer sie konnten; bald zog sich die Menge bis auf die Straße hinaus. Der Platz war mit Pferdegespannen und T.-Ford-Modellen umsäumt, die die Farmer mit ihren Familien in die Stadt gebracht hatten. Es gab viel Gelächter und Schreien und Spaß – ein paar empörte Damen beklagten sich über das Fluchen und rücksichtslose Schieben und Drängen der jungen Burschen, aber niemand ging fort. Am Seiteneingang hatte sich eine Menge Neger zusammengefunden, und sie amüsierten sich am meisten. Jeder versuchte das Beste aus einer guten Sache zu machen. Denn in unserer Gegend ist es gewöhnlich sehr ruhig: Es geschieht nicht viel. Man kann mit Sicherheit sagen, daß nahezu die ganze Wachata County anwesend war, mit Ausnahme der Kranken natürlich und – Rufus McPhersons. Ich sah mich nach Appleseed um, konnte ihn aber nirgends entdecken. Mr. Marshall räusperte sich und klatschte in die Hände, um sich Ruhe zu verschaffen. Als sich der Lärm gelegt hatte und die Atmosphäre genügend gespannt war, erhob er seine Stimme wie ein Auktionator und rief: »Nun hört alle mal her, in diesem Umschlag, den ihr hier in meiner Hand seht« – und er hob ein gelbes Kuvert hoch über seinen Kopf – »hier also steht die Lösung drin, die bis zu diesem Augenblick niemand kennt, außer dem lieben Gott und der First National Bank, ha, ha. Und in diesem Buch« – er hob nun das Hauptbuch mit der anderen Hand hoch –, »hab ich alles aufgeschrieben, was ihr geraten habt. Hat noch jemand eine Frage?« Alles war still. »Schön. Wenn wir jetzt noch jemand haben könnten, der freiwillig . . .«

Nicht eine lebende Seele rührte sich von der Stelle: Es war, als ob eine entsetzliche Scheu die Menge überfallen hätte, und auch diejenigen, die sonst die größten Angeber waren, scharrten nur verlegen mit den Füßen. Da rief jemand, es war Appleseeds

Stimme: »Durchlassen . . .Ma'am, gehn' Se bitte aus'm Weg.« Als er sich nun nach vorn drängte, trotteten Middy und ein magerer, verschlafen aussehender Bursche hinter ihm her, es war offensichtlich der geigende Bruder. Appleseed hatte dasselbe an wie immer, aber sein Gesicht war sauber geschrubbt und rosig, die Stiefel waren geputzt, und das Haar hatte er mit Pomade glatt zurückgekämmt. »Kommen wir noch zur Zeit?« keuchte er.

Aber Mr. Marshall sagte: »Du willst also unser Freiwilliger sein?«

Appleseed sah ihn verwirrt an, nickte dann aber heftig.

»Hat irgend jemand etwas gegen diesen jungen Mann einzuwenden?«

Immer noch herrschte Totenstille. Mr. Marshall übergab Appleseed den Umschlag, der ihn ruhig entgegennahm. Er nagte an seiner Unterlippe und sah ihn erst noch einen Moment an, bevor er ihn aufriß.

In der ganzen Versammlung gab es keinen Laut, außer einem gelegentlichen Husten und dem gedämpften Klingeln von Mr. R.C. Judkins' Tischglocke. Hamurabi lehnte an der Bar und starrte zur Decke; Middy stierte mit leerem Blick über die Schulter des Bruders, und als er daranging, den

Umschlag aufzureißen, stieß sie einen leisen, ängstlichen Seufzer aus.

Appleseed zog einen rosa Zettel heraus, und während er ihn so vorsichtig hielt, als ob er zerbrechen könnte, murmelte er das, was darauf geschrieben stand, leise vor sich hin. Plötzlich wurde sein Gesicht ganz blaß und Tränen glänzten in seinen Augen.

»He, nu red' schon, Junge«, brüllte irgendwer.

Hamurabi trat vor und riß ihm beinahe den Zettel aus der Hand. Er räusperte sich und fing an zu lesen, während sich sein Gesicht ganz komisch veränderte. »Heilige Mutter Gottes . . .«, sagte er.

»Lauter, lauter«, forderte man ärgerlich im Chor.

»Betrügerbande!« brüllte Mr. R. C. Judkins, der um diese Zeit schon wieder einen in der Krone hatte. »Ich rieche eine Ratte, und sie stinkt schon zum Himmel!« Worauf ein Wirbelsturm von Schreien und Pfiffen die Luft erfüllte.

Appleseeds Bruder fuhr herum und schüttelte seine Fäuste.

»Maul halten, Maul halten, sonst hau ich euch eure verdammten Köpfe zusammen, daß ihr Beulen kriegt, wie'n Kürbis so groß, versteht ihr?«

»Bürger«, schrie Bürgermeister Mawes, »Bürger – hört doch, heut ist Weihnachten . . . so hört doch . . .«

Und Mr. Marshall sprang auf einen Stuhl, klatschte in die Hände und stampfte mit den Füßen, bis wieder einigermaßen Ruhe herrschte. Es soll hier schon gleich erwähnt werden, daß Rufus McPherson dem Mr. R. C. Judkins Geld dafür gegeben hatte, damit er jenen Wirbel verursachte, wie wir später erfuhren. Jedenfalls, als der Tumult vorüber war, hatte natürlich niemand anderes den Zettel in Händen als ich ... aber man fragte mich nicht, wie es dazu gekommen ist.

Ohne zu überlegen, schrie ich: »Siebenundsiebzig Dollar und fünfunddreißig Cents.« Natürlich verstand ich in der Aufregung zuerst nicht, was das bedeutete; es war nur eine Zahl. Aber dann brach Appleseeds Bruder in sein Freudengeheul aus, und nun begriff ich; der Name des Gewinners wurde schnell bekannt, und das ehrfurchtsvolle Geflüster hörte sich an wie ein Gewitterregen. Aber Appleseed selbst bot einen jammervollen Anblick. Er weinte, als ob er tödlich verwundet wäre, doch als Hamurabi ihn dann auf seine Schultern hob, damit die Menge ihn bewundern konnte, trocknete er sich die Augen mit dem Ärmel seines Pullovers und fing an zu grinsen. Mr. R. C. Judkins brüllte »Zigeuner! Lausiger Zigeuner!« Aber seine Stimme ging in einem ohrenbetäubenden Applaus unter.

Middy packte meinen Arm. »Meine Zähne«, quietschte sie. »Jetzt krieg' ich meine Zähne!«
»Zähne?« fragte ich noch ganz betäubt.
»Falsche«, sagte sie. »Das ist es doch, was wir uns für das Geld kaufen wollen – ein schönes weißes Gebiß.«
Aber im Augenblick interessierte mich einzig und allein, wie Appleseed auf diese Zahl gekommen war. »Komm, erzähl mir«, sagte ich verzweifelt, »erzähl mir, wie, in Gottes Namen, konnte Appleseed wissen, daß es gerade siebenundsiebzig Dollar und fünfunddreißig Cents waren?«
Middy sah mich verständnislos an. »Warum, ich denke, er hat es dir gesagt«, antwortete sie ganz ernst. »Er hat gezählt.«
»Ja, aber wie – wie?«
»Geh, weißt du nicht mal, wie man zählt?«
»Aber ist das alles?«
»Nun ja«, sagte sie, und es folgte eine nachdenkliche Pause. »'n bißchen gebetet hat er auch noch.« Sie machte Anstalten davonzustürzen, drehte sich aber noch einmal um und rief: »Außerdem ist er mit 'ner Glückshaube auf die Welt gekommen.«
Und mehr hat nie jemand über dieses Geheimnis erfahren. Wenn man Appleseed später fragte: »Wie hast du das gemacht?« lächelte er nur seltsam und wechselte das Thema.

Viele Jahre später zog er mit seiner Familie irgendwohin nach Florida, und man hörte nie wieder von ihm.
In unserer Stadt aber ist diese Legende immer noch lebendig; und bis zu seinem Tod im April des vergangenen Jahres wurde Mr. Marshall am Heiligen Abend immer in die Bibelstunde der Baptisten eingeladen, um die Geschichte von Appleseed zu erzählen. Hamurabi schrieb auch einmal einen Bericht darüber und schickte ihn an verschiedene Magazine. Er wurde aber nie gedruckt. Ein Redakteur schrieb zurück: »Wenn aus dem kleinen Mädchen wirklich ein Filmstar geworden ist, läßt sich vielleicht etwas mit Ihrer Geschichte anfangen.« Aber das ist nie geschehen, und warum soll man lügen?

Kindergeburtstag

FÜR ANDREW LYNDON

Gestern nachmittag wurde Miss Bobbit vom Sechs-Uhr-Bus überfahren. Ich weiß wirklich nicht, was ich dazu sagen soll; denn obgleich sie erst zehn Jahre alt war, weiß ich, daß es keinen Menschen in unserer ganzen Stadt gibt, der sie je vergessen wird. Erstens war alles, was sie tat, ungewöhnlich, vom ersten Augenblick an, als wir sie sahen, und das war vor einem Jahr. Miss Bobbit und ihre Mutter kamen mit demselben Sechs-Uhr-Bus an, der von Mobile hier durchfährt. Mein Vetter Billy Bob hatte gerade Geburtstag, daher waren die meisten Kinder der Stadt bei uns zu Besuch. Wir tummelten uns auf der vorderen Veranda herum, aßen Tutti-Frutti und Schokoladenkuchen, als der Bus um die Todeskurve raste. Es war der Sommer, in dem es nie regnete; rötlichbraune Dürre herrschte weit und breit; wenn ein Auto vorbeifuhr, stand der aufgewirbelte Staub manchmal eine Stunde und länger in der unbewegten Luft. Tante El sagte, sie würde hinunter ans Meer ziehen, wenn nicht endlich die Straße gepflastert würde; aber das sagte sie schon so lange. Wir saßen also auf der Veranda, das Tutti-Frutti schmolz auf unseren Tellern, als plötzlich, gerade als wir uns wünschten, daß etwas geschähe, wirklich etwas geschah; aus dem roten Straßenstaub trat Miss Bobbit. Es war ein kleines sehniges Mädchen in einem gestärkten zitronengelben festlichen Kleid, das daherkam mit dem affektierten Gebaren einer Erwachsenen, eine Hand hatte sie in die Hüfte gestützt, in der anderen trug sie einen Regenschirm, wie eine alte Jungfer. Ihre Mutter schleppte zwei Pappkoffer und ein Aufziehgrammophon hinter ihr her. Es war eine hagere, ungepflegte Frau mit ruhigen Augen und einem hungrigen Lächeln.

Alle Kinder auf der Veranda waren ganz still geworden, und als ein Wespenschwarm summend aufflog, brachen die Mädchen nicht einmal in ihr übliches Geschrei aus. Ihre Aufmerksamkeit war zu sehr auf das Herannahen von Miss Bobbit und ihrer Mutter gerichtet, die inzwischen die Gartenpforte erreicht hatten. »Verzeihung«, rief Miss Bobbit mit einer Stimme, die zugleich seidenweich und kindlich war wie eine hübsche Schleife und makellos exakt wie die eines Filmstars oder einer pedantischen alten Lehrerin, »aber könnten wir bitte die Erwachsenen dieses Hauses sprechen?« Das richtete sich also an Tante El und, wenigstens bis zu einem gewissen Grad, auch an mich. Aber Billy Bob und all die andern Jungen folgten uns nach an die Pforte, obgleich keiner von ihnen über dreizehn war. Ihren Gesichtern nach zu urteilen, hatten sie noch nie ein Mädchen gesehen. Allerdings sicher noch nie eins wie Miss Bobbit. Tante El sagte zum Beispiel: Hat man je von einem Kind gehört, das sich schminkt? Denn Miss Bobbits Lippen schimmerten orangefarben von einem Lippenstift, ihr Haar, das wie eine Perücke wirkte, bildete eine Masse rötlicher Locken, und die Augen waren offensichtlich mit einem Stift nachgezogen. Sie war von einer hageren Vornehmheit, war eine Dame, und was weit mehr ist, sie konnte einen mit männlicher Unerschrockenheit ansehen. »Ich bin Miss Lily Jane Bobbit, Miss Bobbit von Memphis, Tennessee«, sagte sie feierlich. Die Jungen blickten hinunter auf ihre Fußspitzen, die Mädchen auf der Veranda brachen in lautes Gekicher aus, von Cora McCall angeführt, der Billy Bob zu jener Zeit gerade den Hof machte. »Sie sind eben aus der Provinz«, sagte Miss Bobbit mit verständnisvollem Lächeln und ließ ihren Schirm keck durch die Luft wirbeln. »Meine Mutter«, und die einfache Frau erlaubte sich ein hastiges Nicken mit dem Kopf, um sich vorzustellen, »meine Mutter und ich haben hier Zimmer gemietet. Würden Sie bitte so freundlich sein und uns das Haus zeigen? Es gehört einer Mrs. Sawyer.« Ja, natürlich, sagte Tante El, das kann nur bei Mrs. Sawyer sein, gleich hier schräg gegenüber. Es ist die einzige Pension hier in der Gegend, ein altes großes dunkles Haus mit ungefähr zwei Dutzend Blitzableitern auf dem Dach: Mrs. Sawyer hat nämlich schreckliche Angst vor einem Gewitter.

Billy Bob verfärbte sich und sah aus wie ein rotbackiger Apfel, als er sagte: Bitte, Ma'am, es ist doch so heiß heut und so weiter, ob sie sich nicht erst ein bißchen ausruhn und etwas Tutti-Frutti mit uns essen wollten? Und Tante El sagte: Ja, natürlich. Aber Miss Bobbit schüttelte den Kopf: »Tutti-Frutti macht zu dick, doch ich danke Ihnen herzlich.« Und sie machten sich auf, gingen quer über die Straße, wobei die Mutter ihr Gepäck halb am Boden dahinschleifte. Da drehte sich Miss Bobbit noch einmal mit ganz ernstem Gesicht um; das Sonnenblumen-Gelb ihrer Augen trübte sich, und sie rollte sie leicht zur Seite, als ob sie versuchte, sich an ein Gedicht zu erinnern. »Meine Mutter hat einen Sprachfehler, deshalb muß ich für sie reden«, verkündete sie eilig und seufzte. »Meine Mutter ist eine sehr gute Schneiderin; sie hat für die beste Gesellschaft in kleinen und großen Städten genäht, einschließlich Memphis und Tallahassee. Zweifellos haben Sie das Kleid, das ich anhabe, bemerkt und bewundert. Jeden Stich hat meine Mutter mit der Hand genäht. Sie kann jedes Modell nacharbeiten, gerade kürzlich hat sie einen Preis von fünfundzwanzig Dollars im Ladies' Home Journal gewonnen. Meine Mutter kann auch häkeln, stricken und sticken. Wenn Sie irgend etwas zu nähen haben, kommen Sie bitte zu meiner Mutter. Empfehlen Sie uns auch Ihren Freunden und Ihrer Familie. Vielen Dank.« Dann hörte man nur noch ein Rascheln und Knistern, und fort war sie.

Cora McCall und die andern Mädchen zupften nervös und mißtrauisch an ihren Haarschleifen, sie sahen völlig verwirrt aus und machten ganz dumme Gesichter. Ich bin Miss Bobbit, sagte Cora und verzerrte ihr Gesicht, um sie nachzumachen, was ihr aber schlecht gelang, und ich bin Prinzessin Elisabeth, daß ihr's nur wißt, ha, ha, ha. – Außerdem, so sagte sie – das Kleid war schäbig wie nur irgendwas, ich bekomme meine Kleider alle von Atlanta; ein Paar Schuhe habe ich sogar aus New York, und von meinem silbernen Türkisring will ich gar nicht reden, der ist aus Mexiko. Tante El meinte, sie sollten sich nicht so über ein Kind lustig machen, das fremd war in unserer Stadt, aber die Mädchen benahmen sich weiter wie wildgewordene Hexen und ein paar Jungen, die albern genug waren und den Mädchen gefallen wollten, machten mit und sagten Dinge, bei denen Tante El rot wurde und erklärte, sie würde sie sofort alle nach Hause schicken und ihren Vätern sagen, daß sie Prügel verdient hätten. Aber sie konnte ihre Drohung nicht wahrmachen, denn Miss Bobbit selbst kam ihr dazwischen. Sie schlenderte über die Sawyersche Veranda und war in einer neuen und aufsehenerregenden Weise kostümiert.

Die älteren Jungen wie Billy Bob und Preacher Star, die ruhig geblieben waren, als die Mädchen sich über Miss Bobbit lustig gemacht hatten, und die mit düsteren und angestrengten Gesichtern das Haus beobachtet hatten, in dem sie verschwunden war, standen jetzt auf und gingen gemächlich zur Pforte hinunter. Cora McCall rümpfte die Nase und schob die Unterlippe vor, aber wir andern gingen und setzten uns auf die Treppe. Miss Bobbit schenkte uns gar keine Beachtung. Der Sawyersche Garten liegt hinter Maulbeerbäumen verborgen, es wachsen dort Gras und wilde Rosen. Manchmal, wenn es geregnet hat, kommt der Duft der Rosen bis zu uns herüber; und in der Mitte des Gartens ist eine Sonnenuhr, die Mrs. Sawyer im

Jahre 1912 dort hinbauen ließ zur Erinnerung an ihren Boston-Terrier Sunny, der starb, nachdem er einen Eimer mit Farbe ausgetrunken hatte. Miss Bobbit stolzierte mit dem Grammophon durch den Garten und stellte es auf die Sonnenuhr; sie zog es auf, ließ eine Platte abspielen, und man hörte den Grafen von Luxemburg. Es war nun schon fast dunkel, die Stunde der Glühwürmchen, blau wie Milchglas; Vögel stießen wie Pfeile zusammen und stürzten sich in die schützende Tiefe der Bäume. Von einem Gewitter scheinen Blätter und Blüten in einem eigenen Licht, in einer geheimnisvollen Farbe zu leuchten; und Miss Bobbit, die in ihrem kurzen weißen Röckchen aussah wie eine Puderquaste, schien mit den golden-glitzernden Bändern im Haar in die Dunkelheit ringsumher gesetzt zu sein, um dieses Leuchten zu entfalten. Sie hatte die Arme in weitem Bogen hoch über ihren Kopf gehoben, ihre Hände sahen aus wie müde Lilien, und sie stand auf Zehenspitzen aufrecht da. So verharrte sie eine lange Zeit, und Tante El sagte, das sei recht gekonnt. Dann fing sie an, sich zu drehen, rundherum ging es und immer wieder rundherum und rundherum, bis Tante El sagte, ihr sei schon ganz schwindlig vom bloßen Zuschaun. Sie hörte nur auf, wenn das Grammophon aufgezogen werden mußte; und als der Mond über den Dachfirst heruntergerollt kam und die letzte Glocke zum Abendessen geläutet hatte, als alle Kinder schon nach Hause gegangen waren und die schwarze Iris sich zu öffnen begann, drehte sich Miss Bobbit immer noch wie ein Kreisel in der Dunkelheit.

Danach sahen wir sie eine Zeitlang nicht wieder. Preacher Star kam jeden Morgen zu uns und blieb den ganzen Tag da bis zum Abendessen. Preacher ist ein spindeldürrer Bursche mit einem struppigen roten Haarschopf. Er hat elf Brüder und Schwestern, und sogar die fürchten sich vor ihm, denn er hat einen schrecklichen Charakter, und er ist weit und breit wegen seiner Eifersüchteleien und Gemeinheiten bekannt: Am vierten Juli des vergangenen Jahres verprügelte er Ollie Overton so, daß dessen Eltern ihn nach Pensacola ins Krankenhaus bringen mußten; und ein anderes Mal biß er einem Maulesel das halbe Ohr ab, kaute es und spuckte es dann auf den Boden. Als Billy Bob noch nicht so groß war wie heute, trieb Preacher auch mit ihm sein Unwesen. Er steckte ihm Kletten in den Kragen, rieb ihm Pfeffer in die Augen und zerriß seine Hausaufgaben. Aber jetzt sind sie die dicksten Freunde in der ganzen Stadt: Sie haben die gleiche Art zu reden, haben den gleichen Gang, und manchmal verschwinden sie zusammen ganze

Tage lang. Niemand weiß, was sie treiben. Aber in dieser Zeit, in der Miss Bobbit nicht erschien, blieben sie in der Nähe des Hauses. Sie trieben sich im Garten herum und versuchten, mit einer Schleuder die Spatzen von den Telefonmasten zu schießen, und manchmal spielte Billy Bob auch auf seiner Hawaiigitarre. Dann sangen sie: *Schreib mir einen Brief, schick ihn mir per Post, schick ihn ins Gefängnis nach Birmingham.* Sie sangen so laut, daß Onkel Billy Bob, der hier Richter ist, Einspruch erhob und sagte, sie seien bis zum Rathaus zu hören. Nur Miss Bobbit hörte sie nicht; zumindest steckte sie nie ihren Kopf zur Tür heraus.

Dann kam Mrs. Sawyer eines Tages zu uns herüber, um sich eine Tasse Zucker zu borgen, und dabei bekamen wir eine Menge über ihre neuen Mieter zu hören: Wissen Sie, sagte sie und blinzelte mit ihren kükenhellen Augen, ihr Mann ist ein Verbrecher, puh, das Kind hat es mir selbst erzählt. Das hat nich' für fünf Cents Schamgefühl, kein bißchen. Sagt, ihr Daddy sei der allerliebste Daddy, und niemand in ganz Tennessee könne so schön singen wie er ... Und ich sagte, wo ist er denn, Liebling? Und so ungeniert, wie man es sich nur vorstellen kann, antwortete sie, oh, er ist im Zuchthaus, und wir haben nichts mehr von ihm gehört. Sagen Sie bloß, läuft es einem da nich' ganz kalt den Rücken 'runter? Na, und ich denk mir, die Mama, die, denk ich, muß 'ne Ausländerin sein: Sagt nie ein Wort, und manchmal sieht es so aus, als ob sie gar nich' versteht, was man zu ihr sagt. Und wissen Sie, alles essen sie roh. Ungekochte Eier, rohe Rüben und Karotten – und überhaupt kein Fleisch. Aus gesundheitlichen Gründen, sagt das Kind, pah! Dabei liegt sie schon seit letztem Dienstag mit Fieber fest im Bett.

Am selben Nachmittag ging Tante El hinaus, um ihre Rosen zu gießen, aber sie mußte feststellen, daß sie fort waren. Es waren ganz besondere Rosen, und sie hatte die Absicht gehabt, sie zur Blumenausstellung nach Mobile zu schicken, daher wurde sie natürlich ein bißchen hysterisch. Sie rief den Sheriff an und sagte: Hören Sie, Sheriff, Sie müssen sofort herkommen. Irgend jemand ist mit all meinen Lady Annes auf und davon, die ich seit dem Frühjahr mit soviel Liebe gehegt und gepflegt habe. Als das Auto des Sheriffs vor unserem Haus hielt, kamen alle Nachbarn ringsherum auf ihre Verandas, und Mrs. Sawyer, die auf ihrem Gesicht Schichten von Cold Cream hatte, so daß es ganz weiß war, kam im Trab über die Straße: Oh, verflixt, sagte sie, enttäuscht darüber, daß nicht mindestens jemand umgebracht worden war, oh, verflixt, sagte sie, die Rosen hat niemand gestohlen. Euer Billy Bob hat sie zu uns 'rübergebracht und für die kleine Bobbit abgegeben. Tante El sagte kein Wort. Sie ging nur ruhig zum Pfirsichbaum und schnitt sich einen Stecken ab. Ohhh, Billy Bob, sie zog die Straße entlang und rief seinen Namen, bis sie ihn unten bei der Garage von Speedy fand, wo er und Preacher zusahen, wie Speedy einen Motor auseinandernahm. Sie zog ihn einfach an den Haaren hoch, und während sie ihn grün und blau schlug, schleppte sie ihn nach Hause. Aber sie konnte ihn nicht dazu bringen, zu sagen, daß es ihm leid täte, und sie brachte ihn auch nicht zum Weinen. Und als sie ihn endlich losließ, rannte er hinters Haus in den Garten, kletterte in die Spitze eines Pecan-Nußbaumes und schwor, daß er nie wieder 'runterkommen würde. Dann kam sein Vater nach Hause, und es war Zeit zum Abendessen. Sein Vater stellte sich ans Fenster und rief: Mein Sohn, wir sind dir nicht mehr böse, so komm also herunter und iß dein Abendbrot. Aber Billy Bob rührte sich nicht. Tante El ging hin und lehnte sich an den Baum. Sie sprach mit einer Stimme, die so sanft war wie das erste Morgenlicht: Es tut mir leid, mein Sohn, sagte sie, ich wollte dich nicht sosehr schlagen. Ich hab ein feines Abendessen gemacht, Kartoffelsalat und gekochten Schinken und Sol-Eier. Geh weg, sagte Billy Bob, ich will kein Abendbrot und ich haß' dich wie den Teufel. Sein Vater sagte, er solle nicht so mit seiner Mutter reden, und sie fing an zu weinen. Sie stand da unter dem Baum, weinte und wischte sich mit ihrem Rock die Tränen ab. Ich haß' dich nicht, mein Sohn . . . wenn ich dich nicht liebhätte, würde ich dich nicht schlagen. Die Blätter des Pecan-Nußbaumes fingen an zu rascheln und Billy Bob glitt langsam zu Boden. Tante Els Finger strichen durch sein Haar, und sie zog ihn an sich. Ach, Ma, sagte er, ach, Ma.

Nach dem Abendessen kam Billy Bob und warf sich auf das Fußende meines Bettes. Er roch säuerlich-süß, wie das bei Jungen so ist, und er tat mir sehr leid, besonders weil er so gequält aussah. Seine Augen waren ganz klein vor Kummer. Das gehört sich doch so, daß man kranken Leuten Blumen schickt, sagte er selbstgerecht. Um diese Zeit hörten wir das Grammophon, eine beschwingte ferne Melodie; ein Nachtfalter flog durch das Fenster herein und schwebte so leicht durch die Luft wie die Musik. Aber es war schon dunkel, und man konnte nicht sehen, ob Miss Bobbit tanzte.

Billy Bob krümmte sich auf meinem Bett, als ob er Schmerzen hätte, klappte zusammen wie ein großes Taschenmesser; aber sein Gesicht war plötzlich klar, und seine schmuddeligen Bubenaugen zuckten wie Kerzenlicht. Sie ist so drollig, flüsterte er, sie ist das drolligste Teufelchen, das ich je gesehen hab. Verflucht noch mal, was macht es mir schon aus, ich würd' die Rosen von ganz China für sie pflücken.

Und Preacher wäre ebenfalls bereit gewesen, die Rosen von ganz China zu pflücken. Er war genauso verrückt nach ihr wie Billy Bob. Aber Miss Bobbit beachtete sie gar nicht. Die einzige Verbindung, die wir mit ihr hatten, war ein Briefchen an Tante El, in dem sie ihr für die Blumen dankte. Tag für Tag saß sie auf der Veranda, immer war sie irgendwie aufgeputzt, oft stickte sie, manchmal drehte sie sich auch Locken ins Haar oder las im Webster – sie war zurückhaltend, aber immer freundlich; wenn man ihr Guten Tag sagte, sagte auch sie Guten Tag. Trotzdem schienen die Jungen nie den Mut aufzubringen, zu ihr hinüberzugehen und sich mit ihr zu unterhalten, und meistens übersah Miss Bobbit sie auch vollkommen, obgleich sie wie die Kater auf der Straße hin und herstrichen und versuchten, ihre Aufmerksamkeit zu erregen. Sie machten Ringkämpfe, spielten Tarzan, vollführten die verrücktesten Kunststücke auf dem Fahrrad. Es war eine mühsame Angelegenheit. Aber auch eine ganze Menge schlenderte zwei- oder dreimal in einer Stunde an dem Sawyerschen Haus vorbei, nur um Miss Bobbit zu sehen. Unter ihnen waren: Cora McCall, Mary Murphy Jones, Janice Ackermann. Aber Miss Bobbit zeigte auch für sie keinerlei Interesse. Cora sprach nicht mehr mit Billy Bob. Genauso war es mit Janice und Preacher. Janice schrieb Preacher tatsächlich einen Brief mit roter Tinte und auf einem Bogen mit Spitzenrand. Sie schrieb, daß er der gemeinste Mensch auf der ganzen Welt sei, daß sie ihre Freundschaft als aufgelöst betrachte und daß er das ausgestopfte Eichhörnchen, das er ihr geschenkt hatte, wiederhaben könne. Preacher sagte darauf, er wolle anständig sein, und hielt sie an, als sie das nächstemal an unserm Haus vorbeikam, und er sagte, nun, also gut, sie könne das olle Eichhörnchen ruhig behalten, wenn ihr was dran läge. Als Janice daraufhin heulend davonrannte, begriff er nicht, warum.

Eines Tages dann benahmen sich die Jungen noch verrückter als sonst. Billy Bob versank in der Khaki-Uniform seines Vaters aus dem Ersten Weltkrieg, Preacher lief mit nacktem Oberkörper herum und hatte sich mit einem alten Lippenstift von Tante El eine nackte Frau auf die Brust gemalt. Sie sahen aus wie zwei vollkommene Idioten, Miss

Bobbit aber lehnte sich in ihrer Schaukel zurück und gähnte nur.
Es war um die Mittagszeit und niemand war auf der Straße außer einem Negermädchen, das fett war wie ein Baby und eine Figur hatte wie eine Zuckerpflaume. Sie kam summend daher und trug einen Eimer mit Brombeeren. Die Jungen quälten sie wie lästige Mücken, faßten sich bei den Händen und wollten sie nicht durchlassen, nicht, bis sie ein Lösegeld gezahlt hätte. Ich weiß nich', was für'n Lösegeld, sagte sie, was für'n Lösegeld meinen die Herren? Ein Rendezvous in der Scheune, sagte Preacher durch die Zähne. Ein tolles Rendezvous in der Scheune. Und mit ärgerlichem Achselzukken antwortete sie, daß sie keinen Wert auf ein Rendezvous in 'ner Scheune legte. Daraufhin kippte Billy Bob ihr den Eimer mit den Beeren aus, sie quiekte verzweifelt wie ein Schwein, und als sie sich dann vorbeugte und mit vergeblichen Gesten bemüht war, den Eimer zu retten, gab Preacher, der gemein sein kann wie der Teufel, ihr einen Fußtritt in das Hinterteil, daß sie hinfiel und wie Pudding zwischen den Beeren im Schmutz lag. Jetzt kam Miss Bobbit über die Straße gerast, ihr Finger wackelte hin und her wie der Pendel eines Metronoms; sie klatschte in die Hände wie eine Lehrerin, stampfte mit dem Fuß und sagte: »Es

dürfte doch wohl bekannt sein, daß ein Gentleman dafür da ist, eine Lady zu beschützen. Glaubt ihr, daß sich ein Junge in Memphis, New York, London, Hollywood oder Paris so benehmen würde?« Die Jungen zogen sich zurück und schoben die Hände in die Hosentaschen. Miss Bobbit half dem Negermädchen wieder auf die Beine, sie klopfte sie ab, trocknete ihr die Tränen, hielt ihr ein Taschentuch hin und sagte, sie solle sich die Nase putzen. »Schöne Zustände«, sagte sie, »schöne Zustände sind das, wenn eine Dame nicht einmal bei hellichtem Tag ihres Lebens sicher ist.«
Dann gingen sie beide zusammen zurück und setzten sich auf Mrs. Sawyers Veranda; und in dem ganzen nun folgenden Jahr sah man sie fast immer nur zusammen, Miss Bobbit und dieses Elefantenbaby, das Rosalba Cat hieß. Anfangs regte sich Mrs. Sawyer furchtbar darüber auf, daß Rosalba so oft in ihrem Haus war. Sie sagte zu Tante El, es gehe ihr gegen den Strich, daß da vor aller Augen immer ein Nigger auf ihrem Balkon herumlungere. Aber Miss Bobbit hatte so etwas wie eine magische Kraft, was sie auch immer tat, es geschah mit einer solchen Vollkommenheit, so unbeirrt und ernsthaft, daß man nichts anderes tun konnte, als ja dazu zu sagen. Die Kaufleute in der Stadt zum Beispiel grinsten anfangs immer, wenn

sie *Miss* Bobbit zu ihr sagten; aber nach und nach war sie eben Miss Bobbit, und sie machten sogar eine kleine Verbeugung, wenn sie vorbeieilte und ihren Sonnenschirm durch die Luft wirbeln ließ. Miss Bobbit erzählte allen Leuten, Rosalba sei ihre Schwester, was Anlaß zu manchem Scherz gab; aber wie die meisten ihrer Einfälle schien auch dieser allmählich ganz natürlich, und bald lachten wir nicht mehr, wenn wir hörten, wie sie sich Schwester Rosalba und Schwester Bobbit nannten. Aber Schwester Rosalba und Schwester Bobbit taten merkwürdige Dinge. Da war zum Beispiel die Geschichte mit den Hunden. Nun, es gab viele Hunde in unserer Stadt, Schnauzer, Hühnerhunde und Bluthunde; sie streunten in müden Gruppen zu sechs bis zwölf durch die ausgestorbenen, mittäglich heißen Straßen und warten nur auf die Dunkelheit und den Mond. Dann aber kann man sie in seinen einsamen Stunden heulen hören: Jetzt stirbt gerade wer, irgend jemand ist tot. Miss Bobbit beklagte sich beim Sheriff: Sie sagte, daß manche von den Hunden sich gerade immer unter ihrem Fenster aufpflanzten, und daß sie erstens einmal einen sehr leichten Schlaf habe; und was weit schlimmer sei, Schwester Rosalba habe gesagt, sie glaube gar nicht, daß das überhaupt Hunde seien, es seien eine Art Teufel. Der Sheriff tat natürlich nichts; und so nahm sie die Sache selbst in die Hand. Eines Morgens, nach einer besonders lauten Nacht, sah man sie, Rosalba zur Seite, durch die Stadt ziehen; Rosalba trug einen Blumenkorb voller Steine. Wo sie nur einen Hund fanden, blieben sie stehen, und Miss Bobbit schaute ihn sich ganz genau an. Manchmal schüttelte sie den Kopf, aber meistens sagte sie: »Ja, das ist einer, Schwester Rosalba«, und Schwester Rosalba nahm dann in wildem Grimm einen Stein aus ihrem Korb und knallte ihn dem Hund zwischen die Augen.

Dann geschah das mit Mr. Henderson. Mr. Henderson bewohnte ein Hinterzimmer im Sawyerschen Haus; er war ein zähes kleines Männchen von fast siebzig und hatte früher in Oklahoma auf eigene Faust nach Öl gebohrt. Wie viele alte Männer war auch er nur davon besessen, ob sein Körper funktionierte. Außerdem trank er furchtbar. Einmal war er vierzehn Tage hindurch nur betrunken gewesen; immer wenn er Miss Bobbit oder Schwester Rosalba im Haus herumgehen hörte, stürzte er auf den obersten Treppenabsatz und brüllte zu Mrs. Sawyer hinunter, daß da Zwerge in den Mauern seien, die versuchten, an seine Toilettenpapiergegenstände zu kommen. Für fünfzehn Cents etwa haben sie mir schon gestohlen, sagte er. Als die beiden Mädchen eines Abends gerade unter einem Baum im Garten saßen, kam Mr. Henderson nur mit einem Nachthemd bekleidet auf sie losgestürzt. Wollt mir mein ganzes Toilettenpapier stehlen, was, schrie er. Ich werd's euch Zwergen schon zeigen . . . Man muß mir helfen! Diese Biester bringen es fertig und nehmen der ganzen Stadt bis aufs letzte Blatt alles weg. Es waren Billy Bob und Preacher, die Mr. Henderson packten und so lange festhielten, bis erwachsene Männer kamen und ihn fesselten. Miss Bobbit, die bewundernswert ruhig geblieben war, sagte den Männern, daß sie keinen richtigen Knoten machen könnten, und übernahm das selbst. Sie leistete so gute Arbeit, daß Mr. Henderson Hände und Füße abstarben und es einen Monat lang dauerte, bis er wieder gehen konnte.

Kurz darauf stattete Miss Bobbit uns einen Besuch ab. Sie kam am Sonntag, und ich war allein zu Hause, die andern waren alle in der Kirche. »In der Kirche riecht es so aufdringlich«, sagte sie und beugte sich mit korrekt gefalteten Händen etwas vor. »Sie müssen nicht denken, daß ich eine Heidin bin, Mr. C.; ich habe genug erfahren, um zu wissen, daß es einen Gott gibt und auch einen Teufel. Aber das ist nicht der richtige Weg, mit dem Teufel fertigzuwerden, wenn man in die Kirche geht und sich anhört, was für eine sündige gemeine Kreatur er sei. Nein, man muß den Teufel ebenso lieben wie Jesus: Er ist stark und leistet einem gute Dienste, wenn er sieht, daß man ihm vertraut. Wie oft hat er mir zum Beispiel in der Ballettschule in Memphis geholfen ... ich habe ihn immer angefleht, mir die Hauptrolle in unserer alljährlichen Aufführung zu geben. Das ist gesunder Menschenverstand: Sehen Sie, ich weiß doch, daß Jesus keine Beziehung zum Tanzen hat. Und auch kürzlich habe ich erst wieder den Teufel angerufen. Er ist der einzige, der mir helfen kann, aus dieser Stadt hinauszukommen. Ich wohne hier, aber leben tu ich hier eigentlich nicht. Ich sehne mich immer irgendwo anders hin, irgendwohin, wo alles Tanz ist, wo die Menschen auf der Straße tanzen und alles schön ist wie auf einem Kindergeburtstag. Mein lieber Papa sagte immer, daß ich im Himmel lebe. Aber hätte er ein bißchen mehr im Himmel gelebt, dann wäre er so reich geworden, wie er es sich immer gewünscht hat. Das Unglück mit meinem Papa war, daß nicht er den Teufel liebte, sondern daß er zuließ, daß der Teufel ihn liebte. Ich bin in dieser Beziehung sehr geschickt; ich weiß, daß das Nächstliegende oft das Beste ist. Das Nächstliegende für uns war, in diese Stadt zu ziehen; und weil ich hier meine Ausbildung nicht weitermachen kann, ist das Nächstliegende, ein bißchen was nebenbei zu verdienen. Und ich hab mir auch schon etwas gesucht. Ich habe die Generalvertretung für eine ganze Menge von Magazinen für diesen Bezirk übernommen, einschließlich Reader's Digest, Popular Mechanics, Dime Detective und Child's Life. Sie brauchen keine Angst zu haben, Mr. C., ich bin nicht gekommen, um Ihnen etwas anzubieten. Aber ich habe da eine Idee. Ich habe an diese beiden Jungen gedacht, die sich hier immer herumtreiben. Es ist mir eingefallen, daß sie ja schließlich schon beinahe richtige Männer sind. Glauben Sie nicht auch, daß sie ganz brauchbare Vertreter abgeben würden?«

Billy Bob und Preacher arbeiteten schwer für Miss Bobbit und auch für Schwester Rosalba. Schwester Rosalba vertrieb eine Reihe kosmetischer Artikel unter dem Namen »Tautropfen«, und es gehörte mit zu dem Job der Jungen, daß sie die bestellten Sachen zu Rosalbas Kundschaft brachten. Billy Bob war abends immer so müde, daß er kaum noch sein Essen hinunterbrachte. Tante El sagte, es sei eine Schande und ein Jammer, und als Billy Bob dann eines Tages mit einem richtigen Sonnenstich nach Hause kam, sagte sie, jetzt wäre aber Schluß und Billy Bob hätte bei Miss Bobbit aufzuhören. Billy Bob beschimpfte sie so, daß sein Vater ihn in sein Zimmer einsperren mußte; worauf er erklärte, er werde sich umbringen. Man brauche bloß Sirup über eine Portion Grünkohl zu gießen und das dann zu essen. Daran gehe man genauso sicher zugrunde, als wenn man sich erschieße, das hatte irgendein Koch ihm erzählt; und genau das tat er auch. Ich sterbe, jammerte er und wälzte sich in seinem Bett hin und her, ich sterbe und niemand kümmert sich um mich.

Miss Bobbit kam herüber und sagte ihm, er solle sich beruhigen. »Dir fehlt nichts, mein Junge«, sagte sie. »Du hast dir nichts weiter als den Magen verdorben.« Dann tat sie etwas, worüber Tante El entsetzt war: Sie schlug Billy Bobs Bettdecke zurück und rieb ihn vom Kopf bis zu den Zehenspitzen mit Alkohol ab. Als Tante El ihr erklärte, sie fände, daß sich das für ein kleines Mädchen nicht gehöre, antwortete Miss Bobbit: »Ich weiß nicht, ob es sich gehört oder nicht, auf jeden Fall ist es sehr erfrischend.« Danach tat Tante El alles, was sie nur konnte, um Billy Bob davon abzubringen, weiter für Miss Bobbit zu arbeiten, aber sein Vater sagte, sie solle ihn in Ruhe lassen, er müsse sein eigenes Leben leben.

Mit Geld war Miss Bobbit sehr genau. Sie zahlte Billy Bob und Preacher die Provision immer richtig aus und ließ sich nie von ihnen in den Drugstore oder ins Kino einladen, was sie oft genug versuchten. »Ihr solltet euer Geld lieber sparen«, sagte sie. »Vielleicht geht ihr mal auf ein College. Und keiner von euch ist begabt genug, ein Stipendium zu bekommen, nicht einmal ein Fußballstipendium.« Aber gerade ums Geld ging es, als Billy Bob und Preacher heftig aneinandergerieten; natürlich war es nicht der wirkliche Grund. In Wirklichkeit waren sie wegen Miss Bobbit aufeinander eifersüchtig. Eines Tages also sagte Preacher zu Miss Bobbit, und er hatte die Unverfrorenheit, es in Billy Bobs Gegenwart zu tun, sie solle ihre Rechnungen besser kontrollieren, denn ihm sei mehr als einmal der Verdacht gekommen, daß Billy Bob nicht *alles* Geld abliefere, das er einnahm. Das ist eine ganz gemeine Lüge, sagte Billy Bob, und mit einem sauberen linken Haken beförderte er Preacher von der Sawyerschen Veranda hinunter und sprang ihm nach auf ein Beet mit Kapuzinerkresse. Doch als es Preacher gelang, ihn zu packen, hatte Billy Bob keine Chance mehr. Preacher rieb ihm sogar Erde in die Augen. Während dies geschah, sah Mrs. Sawyer von einem der oberen Stockwerke zum Fenster hinaus und kreischte wie ein Adler, und Schwester Rosalba frohlockte: Bring ihn um! Bring ihn um! Bring ihn um! ohne daß man wußte, wen sie nun eigentlich meinte. Nur Miss Bobbit schien zu wissen, was zu tun war. Sie drehte den Gartenschlauch auf, bespritzte die Jungen so, daß sie nichts mehr sehen konnten, und bereitete dem Kampf damit ein Ende. Keuchend kam Preacher hoch. Oh, Liebling, sagte er, und schüttelte sich wie ein nasser Hund, Liebling, du mußt jetzt entscheiden. »*Was* entscheiden?« fuhr Miss Bobbit ihn an. Oh, Liebling, japste Preacher, du kannst nicht wollen, daß wir beide uns gegenseitig umbringen. Du mußt entscheiden, wer wirklich dein Freund ist. »Freund, du meine Güte«, sagte Miss Bobbit. »Ich hab was Besseres zu tun, als mich mit Kindern aus der Provinz abzugeben. Aus dir wird nie ein richtiger Geschäftsmann. Hör mir einmal gut zu, Preacher Star: Ich will keinen Freund, und wenn ich einen wollte, dann bestimmt nicht dich. Du stehst ja nicht einmal auf, wenn eine Dame ins Zimmer kommt.«

Preacher spuckte aus und ging stolz zu Billy Bob hinüber. Komm, sagte er, als wäre nichts geschehen, die hat ja kein Herz, die will weiter nichts, als zwei gute Freunde auseinanderbringen. Einen Augenblick lang sah es so aus, als ob Billy Bob sich wieder mit ihm versöhnen wolle; aber plötzlich besann er sich und zog sich mit einer unmißverständlichen Geste zurück. Eine volle Minute sahen die Jungen einander an, und alle Vertrautheit zwischen ihnen bekam einen häßlichen Anstrich: So haßt man nicht, wenn man nicht ebensosehr liebt. All das konnte man in Preachers Gesicht lesen. Aber es blieb ihm nichts anderes übrig, als fortzugehen. Ach ja, Preacher, an jenem Tag sahst du so verlassen aus, daß ich dich zum erstenmal richtig gern hatte, wie du da ausgemergelt und armselig und verloren ganz allein die Straße hinuntergingst.

Preacher und Billy Bob vertrugen sich nicht wieder; das kam nicht etwa daher, weil sie es nicht gewollt hätten, sondern sie schienen nicht den rechten Weg zu finden, ihre Freundschaft weiter fortzusetzen. Ganz loskommen konnten sie von dieser Freundschaft aber auch nicht: Jeder wußte immer, was der andere gerade tat; und als Preacher einen neuen Kameraden fand, lief Billy Bob tagelang niedergeschlagen herum, fing etwas an, ließ es wieder liegen, oder tat plötzlich irgend etwas ganz Verrücktes, so steckte er zum Beispiel mit Absicht einen Finger in den Ventilator. Abends blieb Preacher manchmal an unserer Pforte stehen und unterhielt sich mit Tante El. Ich glaube, er tat es nur, um Billy Bob zu quälen, aber er war weiterhin freundlich zu uns allen, und zu Weihnachten brachte er uns sogar eine riesengroße Büchse mit geschälten Erdnüssen. Er ließ auch ein Geschenk für Billy Bob da. Es stellte sich heraus, daß es ein Buch von Sherlock Holmes war; und auf dem ersten Blatt stand gekritzelt: »Freunde müssen fallen wie der Efeu von der Mauer.«

So was Kitschiges hat die Welt noch nich' gesehn, sagte Billy Bob. Lieber Gott, is' das 'n Esel! Dann aber ging er, obgleich es ein kalter Wintertag war, hinaus in den Garten, kletterte auf den Pecan-Nußbaum und verkroch sich dort den ganzen Nachmittag über in den blauen Dezemberästen.

Aber meistens war er glücklich, denn Miss Bobbit war da, und sie war jetzt immer sehr nett zu ihm. Sie und Schwester Rosalba behandelten ihn wie einen Mann; was bedeutet, daß sie ihm erlaubten, alles für sie zu tun. Andererseits ließen sie ihn dafür beim Bridge gewinnen, sie zeigten es ihm nicht, wenn sie merkten, daß er schwindelte, und sie machten ihn nicht mutlos bei all seinen Bemühungen. Es war eine glückliche Zeit. Jedoch fing das Elend wieder an, als die Schule begann. Miss Bobbit weigerte sich, hinzugehen. »Das ist doch lächerlich«, sagte sie, als eines Tages der Direktor, Mr. Copland, vorbeikam, um sich zu erkundigen. »Das ist doch wirklich lächerlich; ich kann lesen und schreiben, und es gibt Leute hier in der Stadt, die ganz gut wissen, daß ich auch mit Geld umgehen kann. Nein, Mr. Copland, überlegen Sie einen Augenblick, und sie werden einsehen, daß wir beide dafür weder Zeit noch Kraft haben. Am Ende käme es nur darauf hinaus, wem die Nerven zuerst durchgehen würden, Ihnen oder mir. Und außerdem, was können Sie mir schon beibringen? Ja, wenn Sie etwas vom Tanzen verstünden, das wäre etwas anderes; aber unter diesen Umständen, Mr. Copland, ja, unter diesen Umständen ist es, glaube ich, am besten, wir vergessen die ganze Geschichte.« Mr. Copland war absolut bereit dazu. Aber die übrige Stadt war der Meinung, Miss Bobbit hätte Prügel verdient. Horace Deasly schrieb einen Artikel in der Zeitung mit der Überschrift: Eine tragische Situation. Seiner Meinung nach war es eine tragische Situation, wenn ein kleines Mädchen sich dem widersetzen konnte, was er mit gutem Grund die Verfassung der Vereinigten Staaten nannte. Der Artikel endete mit einer Frage: *Wird sie damit durchkommen?* Sie tat es; ebenso Schwester Rosalba. Nur war die eine Farbige, und deshalb kümmerte sich kein Mensch um sie. Billy Bob war nicht so glücklich. Er mußte in die Schule, na schön. Aber er hätte ebensogut zu Hause bleiben können, wenn man bedenkt, was sie ihm nützte. In seinem ersten Zeugnis hatte er drei Sechser, ein Rekord besonderer Art. Aber er ist im Grunde ein gescheiter Bursche. Ich glaube, es lag nur daran, daß er die Stunden ohne Miss Bobbit nicht ertragen konnte; wenn er nicht bei ihr war, schien er nur halb wach zu sein. Und immer schlug er sich mit irgendwem herum; entweder hatte er ein blaues Auge, oder seine Lippen waren aufgeschlagen, oder er hinkte. Er sprach nie über diese Kämpfe, aber Miss Bobbit war klug genug, den Grund zu erkennen. »Du bist sehr lieb, ich weiß, ich weiß. Und ich schätze dich sehr, Billy Bob. Nur schlage dich nicht meinetwegen mit den Leuten herum. Natürlich reden sie gemeine Dinge über mich. Aber weißt du warum, Billy Bob? Das ist nur eine Art von Kompliment. Denn in ihrem tiefsten Inneren denken sie ja doch, daß ich einfach wunderbar bin.«

Und sie hatte recht; wenn man nicht bewundert wird, machen sich die Leute auch nicht die Mühe, über einen herzuziehen. Aber wir hatten keine Ahnung, wie wunderbar Miss Bobbit wirklich war, bis jener Mann auftauchte, der als Manny Fox bei uns bekannt wurde. Das geschah Ende Februar. Das erste, was wir von Manny Fox sahen, war eine Serie lustiger Plakate, die überall in den Läden der Stadt hingen: Manny Fox zeigt die Schleiertänzerin ohne Schleier; und dann kleiner darunter: Außerdem ein sensationelles Amateur-

programm, ausgeführt von Ihren eigenen Nachbarn. Erster Preis: Richtige Probeaufnahmen in Hollywood. Und all das sollte am nächsten Donnerstag stattfinden. Die Eintrittskarten kosteten einen Dollar pro Person, was für die Leute hier eine Menge Geld bedeutet; aber Vorstellungen, in denen wir nacktes Fleisch zu sehen bekommen, gibt es nicht oft bei uns, und so rückte man allgemein mit dem Geld heraus und machte viel Aufhebens von der Sache. Die ganze Woche über führten die Cowboys im Drugstore schmutzige Reden, am meisten über die Schleiertänzerin ohne Schleier, die Mrs. Manny Fox war, wie sich herausstellte. Sie wohnten im Touristen-Camp, draußen an der Landstraße; aber den ganzen Tag über hielten sie sich in der Stadt auf und fuhren in einem alten Pakkard herum, auf dessen vier Türen mit Schablonen Manny Fox' voller Name gemalt war. Seine Frau war eine Rothaarige mit einem ausdruckslosen Gesicht und einer spitzen Zunge, sie hatte immer nasse Lippen und feuchte Augenlider; sie war in Wirklichkeit ziemlich groß, aber im Vergleich zu Manny Fox schien sie beinahe zerbrechlich, denn er war ein Bulle von einem Mann.
Im Billardsaal errichteten sie ihr Hauptquartier, jeden Nachmittag sah man sie hier Bier trinken und mit den Müßiggängern der Stadt scherzen.

Wie sich herausstellte, beschränkten sich die Geschäfte von Manny Fox nicht nur auf das Theater. Er hatte auch so etwas wie ein Büro für Arbeitsuchende: Langsam ließ er durchsickern, daß er jedem abenteuerliebenden Burschen für eine Gebühr von einhundertfünfzig Dollars einen erstklassigen Job verschaffen könne, als Arbeiter auf Obstdampfern, die von New Orleans nach Südamerika fuhren. Die Chance des Lebens nannte er es. Es gibt keine zwei Burschen hier in der Gegend, die auch nur fünf Dollars in der Hand haben; trotzdem gelang es einem guten Dutzend, dieses Geld aufzubringen. Ada Willingham nahm alles, was sie gespart hatte, um ihren Mann einen Grabstein mit einem Engel zu kaufen, und gab es ihrem Sohn, und Acey Trumps Vater verkaufte seine Baumwollernte vom Feld weg.

Aber dann der Abend der Vorstellung! Es war ein Abend, an dem alles vergessen war: Der Gerichtsvollzieher und das schmutzige Geschirr in der Küche. Tante El sagte, man könnte denken, es ginge in die Oper, alle waren danach angezogen, aufgeputzt und wohlriechend. Das Odeon war seit dem Abend, an dem das echte, silberne Besteck hatte gewinnen können, nicht mehr so voll gewesen. Praktisch hatte jeder einen Angehörigen, der mitmachte, und so wurde allgemein gegen eine ziemliche Nervosität angekämpft. Miss Bobbit war die einzige Teilnehmerin, die wir wirklich gut kannten. Billy Bob konnte nicht stillsitzen; er ermahnte uns immer und immer wieder, bei keinem anderen zu klatschen als bei Miss Bobbit. Tante El sagte, das wäre unhöflich, worauf er Zustände bekam; und als sein Vater jedem von uns eine Tüte Popcorn kaufte, rührte er die seine nicht an, weil seine Hände davon fettig würden, und dann noch etwas, bitte, wir sollten ja keinen Krach machen und etwa unsres essen, wenn Miss Bobbit dran war. Die Nachricht, daß sie überhaupt mitmachen würde, hatte uns erst in der letzten Minute überrascht. Es war eigentlich ganz klar, denn es hatte Anzeichen genug gegeben, an denen wir es schon vorher hätten merken können; die Tatsache zum Beispiel, daß sie wer weiß wie viele Tage lang nicht aus dem Sawyerschen Haus gekommen war. Das Grammophon hatte bis in die Nacht hinein gespielt, ihr herumwirbelnder Schatten war auf den Fenstervorhängen zu sehen gewesen, und dann das geheimnisvolle, vielsagende Gesicht von Schwester Rosalba, wenn man sie fragte, wie es denn Schwester Bobbit ginge. Ihr Name stand also tatsächlich an zweiter Stelle auf dem Programm, aber es dauerte lange, bis sie endlich erschien. Zuerst kam Manny Fox, schmierig und schielend, und erzählte eine Reihe ganz bestimmter Witze, sich selbst immer Beifall klatschend, ha, ha, ha. Tante El sagte, wenn er noch einen solchen Witz erzählte, würde sie aufstehn und sofort nach Hause gehen: Er tat es, aber sie blieb. Elf Personen traten vor Miss Bobbit auf, einschließlich Eustacia Bernstein, die Filmschauspieler imitierte, so daß sie sich alle anhörten wie Eustacia; und dann war da noch ein ganz außergewöhnlicher Mann, Mr. Buster Riley, ein Hinterwäldler mit abstehenden Ohren, der auf einer Säge »Matilda tanzt Walzer« spielte. Bis zu diesem Augenblick war er der Schlager der Vorstellung; nicht daß es einen wesentlichen Unterschied darin gegeben hätte, wie die einzelnen aufgenommen wurden, denn allen wurde großzügig applaudiert. Nur Preacher Star machte eine Ausnahme. Er saß zwei Reihen vor uns und begrüßte jede neue Nummer mit lautem Gebrüll wie ein Esel. Tante El sagte, sie werde nie wieder ein Wort mit ihm sprechen. Miss Bobbit war die einzige, der er Beifall klatschte. Zweifellos stand ihr heute der Teufel bei, aber sie verdiente es auch. Sie kam heraus, wiegte sich in den Hüften, warf die Locken zurück und rollte die Augen. Man konnte mit Sicherheit sagen, daß es keine ihrer klassischen Nummern werden würde. Sie tappte auf Zehenspitzen über die Bühne, ihr himmelblaues Röckchen zu beiden Seiten graziös ein wenig hochhaltend. Das ist das Goldigste, was ich je gesehen habe, sagte Billy Bob und klatschte sich auf den Oberschenkel, und auch Tante El mußte zugeben, daß Miss Bobbit wirklich sehr süß aussah. Als sie anfing herumzuwirbeln, brachen die Zuschauer in spontanen Beifall aus; so tat sie es immer und immer wieder, während sie »Schneller! Schneller!« zu der armen Miss Adelaide hinüberzischte, die am Klavier ihr Bestes gab wie in der Bibelstunde. »Ich bin in China geboren und wuchs auf in Japan . . .« Wir hatten Miss Bobbit bisher nie singen hören, ihre Stimme war rauh wie Sandpapier. ». . . wenn du meine Pfirsiche nicht magst, geh von meiner Dose weg, oho, oho!« Tante El rang nach Luft; und sie tat es noch einmal, als Miss Bobbit zum Schluß mit einem Ruck ihren Rock hob und das mit blauen Spitzen verzierte Höschen sehen ließ. Dafür erntete sie all die Pfiffe, die sich die Burschen eigentlich für die Schleiertänzerin ohne Schleier aufgespart hatten, was aber gut war, wie sich später herausstellte, denn jene Dame erfüllte ihre Pflicht – nach der Melodie von »Einen Apfel für den Lehrer« und begleitet von Zurufen wie Schwindel, Schwindel – in einem Badeanzug. Aber die Zurschaustellung ihres Hinterteils war nicht Miss Bobbits endgültiger Triumph. Miss Adelaide begann mit unheilvollem Donner auf den tieferen Tasten, und in diesem Augenblick stürzte Schwester Rosalba mit einer brennenden Wunderkerze auf die Bühne und reichte sie Miss Bobbit, die gerade mitten in einem Spagat war, den sie auch tatsächlich fertigbrachte; und gerade in diesem Augenblick zerbarst die Wunderkerze in leuchtend rote, weiße und blaue Kugeln, und wir mußten uns alle von unseren Plätzen erheben, weil sie das »Sternenbanner« sang, so laut sie eben konnte. Tante El sagte hinterher, es sei das Großartigste gewesen, was sie je auf einer amerikanischen Bühne gesehen hätte.

Ja, sie verdiente wirklich die Probeaufnahmen in Hollywood, und da sie den Wettstreit gewann, sah es ganz danach aus. Manny Fox bestätigte es dann auch: Meine Liebe, sagte er, du hast wirklich das Zeug zu einem Star. Nur verschwand er am nächsten Tag aus der Stadt und ließ nichts zurück als liebenswürdige Versprechungen. Wartet die Post ab, meine Freunde, ihr werdet alle von mir hören. Das sagte er zu den Jungen, deren Geld er eingesteckt hatte, und das sagte er auch zu Miss Bobbit. Dreimal am Tag kommt die Post, und eine beträchtliche Gruppe von Menschen versammelte sich jedesmal vor dem Postamt, eine fröhliche Gruppe zunächst, die nach und nach aber immer trostloser wurde. Wie ihre Hände zitterten, wenn ein Brief in den Kasten fiel. Ein schreckliches Schweigen kam über sie, je mehr Tage vergingen. Jeder wußte, was der andere dachte, aber niemand wagte es auszusprechen, nicht einmal Miss Bobbit. Die Postbotin Patterson sagte es endlich frei heraus. Der Mann ist ein Betrüger, sagte sie, das hab' ich mir von Anfang an gedacht, und wenn ich mir noch einen Tag länger eure Gesichter ansehen muß, schieß ich mich tot.

Miss Bobbit war es, die nach vierzehn Tagen endlich den Bann brach. Ihr Blick war so leer geworden, wie man es nie für möglich gehalten hätte. Aber eines Tages dann, als die letzte Post vorbei war, war ihr alter Auftrieb wieder da. »O. k., Jungen, jetzt zur Lynch-Justiz«, sagte sie und nahm den ganzen Trupp mit zu sich nach Hause. Das war das erste Treffen des Manny-Fox-Henker-Clubs, einer Organisation, die in einer etwas geselligeren Form bis auf den heutigen Tag fortbesteht, obgleich Manny Fox schon lange festgenommen und, sozusagen, gehenkt worden ist. Das aber ist allein Miss Bobbits Verdienst. Innerhalb einer Woche hatte sie über dreihundert Beschreibungen von Manny Fox verfertigt und diese an die Sheriffs im ganzen Süden geschickt; sie schrieb auch Briefe an die Zeitungen aller bedeutenderen

Städte und erregte damit großes Aufsehen. Ein Erfolg war, daß vier der betrogenen Jungen von der United Fruit Company einen gutbezahlten Job angeboten bekamen. Und als der Frühling zu Ende ging und Manny Fox bereits in Uphigh, Arkansas, eingesperrt war, wo er es mit demselben Trick versucht hatte, bekam Miss Bobbit von den Sunbeam-Girls von Amerika eine Auszeichnung für eine gute Tat. Aus irgendeinem Grund legte sie Wert darauf, daß die Welt erfuhr, daß sie keineswegs davon beeindruckt war. »Ich kann der Organisation nicht beipflichten«, sagte sie. »Dieses laute Ins-Horn-Blasen! Es zeugt weder von einem guten Herzen noch ist es besonders weiblich. Und was ist denn schließlich eine gute Tat? Laßt euch nicht dumm machen, eine gute Tat ist etwas, was man tut, weil man sich etwas davon verspricht.« Es wäre beruhigend, wenn man berichten könnte, daß sie sich irrte, und daß die verdiente Auszeichnung, die sie dann schließlich bekam, aus wirklicher Herzensgüte und Liebe verliehen wurde. Das war aber nicht der Fall. Vor ungefähr einer Woche erhielten die von dem Betrug betroffenen Jungen alle einen Scheck von Manny Fox in der Höhe ihres Verlustes, und mit starrköpfiger Entschlossenheit ging Miss Bobbit zu dem nächsten Treffen des Henker-Clubs, der jetzt nur noch ein Vorwand ist, um an jedem Donnerstagabend Bier zu trinken und zu pokern. »Schaut, Jungen«, sagte sie geradeheraus, »keiner von euch hat damit gerechnet, daß er dieses Geld jemals wiedersieht, aber da ihr es jetzt habt, solltet ihr es in etwas Nützliches investieren – in mich zum Beispiel.« Ihr Vorschlag war, daß sie das Geld zusammenlegen sollten, um ihr die Fahrt nach Hollywood zu finanzieren; sie wollte ihnen dafür ihr Leben lang zehn Prozent ihrer Einnahmen geben. Und wenn sie dann ein Star geworden wäre, was bestimmt nicht lange dauern würde, würden sie alle reich werden. »Wenigstens«, wie sie sagte, »für eure Begriffe hier.« Keiner von den Jungen hatte Lust dazu: Aber wenn Miss Bobbit einen ansah, was konnte man da schon machen.

Seit Montag regnete es wohltuend, und manchmal schien die Sonne ein wenig. In den Nächten aber war es dunkel und voller Unruhe, von den Blättern tropfte es, in den Kaminen stand das Wasser, man wälzte sich schlaflos hin und her. Billy Bob ist hellwach, seine Augen brennen, aber alles, was er tut, ist wie eingefroren, und seine Zunge ist steif wie ein Glockenschwengel. Miss Bobbits Fortgehn ist nicht leicht für ihn. Weil sie mehr für ihn war als das. Als was? Als dreizehn Jahre alt zu sein und verrückt vor Liebe. Sie war ein Teil des Seltsamen, das in ihm war, wie der Pecan-Nußbaum, oder daß er Bücher mochte, oder daß er die Menschen so dicht an sich heranließ, daß sie ihm wehtun konnten. Sie gehörte zu den Dingen, die er niemand zeigen konnte. Und in der Dunkelheit rieselte die Musik durch den Regen: Gibt es nicht Nächte, in denen man sie hört, gerade als ob sie Wirklichkeit wäre? Und Nachmittage, an denen sich die Schatten sofort verwischen, und sie kommt und sich über den Rasen breitet wie ein hübsches Seidenband? Sie lächelte Billy Bob an, sie hielt seine Hände und küßte ihn sogar. »Ich sterbe doch nicht«, sagte sie. »Du wirst zu uns kommen, wir werden uns einen Berggipfel suchen und dort alle zusammen leben, du und ich und Schwester Rosalba.« Aber Billy Bob wußte, daß das nie geschehen würde, und als nun die Musik durch die Dunkelheit zu ihm herüberkam, vergrub er seinen Kopf im Kissen.

Allein, über dem gestrigen Tag liegt ein seltsames Lächeln, es ist der Tag, an dem sie uns verließ. Um die Mittagszeit kam die Sonne heraus und lockte alle Süßigkeit aus den Glyzinien. Tante Els gelbe Lady Annes blühten wieder, und sie tat etwas Wunderbares, sie erlaubte, daß Billy Bob sie pflückte und Miss Bobbit zum Abschied schenkte. Den ganzen Nachmittag über saß Miss Bobbit auf der Veranda, umgeben von Leuten, die stehenblieben, um ihr alles Gute zu wünschen. Sie sah aus, als ob sie zur Kommunion ginge, sie war ganz in Weiß und hatte einen weißen Sonnenschirm. Schwester Rosalba hatte ihr ein Taschentuch gegeben, aber sie mußte es sich wieder ausleihen, weil sie nicht aufhören konnte zu weinen. Ein kleines Mädchen brachte ein gebratenes Hühnchen, vermutlich sollte es für die Fahrt sein. Nur hatte sie vergessen, es vor dem Braten auszunehmen. Miss Bobbits Mutter sagte, das mache nichts, ein Hühnchen sei ein Hühnchen: Ein denkwürdiger Ausspruch, weil es das einzige Mal war, daß sie je eine Meinung äußerte. Nur etwas störte. Stundenlang trieb sich Preacher Star unten an der Ecke herum, manchmal stand er am Bordstein und spielte mit einem Geldstück, dann versteckte er sich wieder hinter einem Baum, als wolle er nicht, daß ihn irgend jemand sähe. Alle machte er nervös. Ungefähr zwanzig Minuten bevor der Bus eintraf, kam er dahergeschlendert und lehnte sich an unsere Pforte. Billy Bob war noch im Garten und pflückte die Rosen; sie hätten für ein großes Fest gereicht, und ihr Duft war lastend wie die Luft. Preacher sah so lange zu ihm hin, bis er den Kopf hob. Als sie einander ansahen, fing es wieder an zu regnen, es sprühte, ganz fein wie Gischt, und da war ein Regenbogen. Ohne ein Wort zu sagen, ging Preacher hinüber und machte sich daran, Billy Bob zu helfen, die Rosen in zwei riesengroße Sträuße aufzuteilen. Zusammen trugen sie sie dann bis an den Bordstein. Auf der anderen Straßenseite ging es zu wie in einem Wespennest. Aber als Miss Bobbit sie sah, die beiden Jungen, deren Gesichter hinter den Blumen verborgen waren und aussahen wie gelbe Monde, stürzte sie mit ausgebreiteten Armen die Treppe hinunter. Man konnte sehen, was geschehen mußte; wir schrien alle auf, unsere Stimmen fuhren wie Blitze durch den Regen, aber Miss Bobbit lief den Monden aus Rosen entgegen und schien uns nicht zu hören. Und da geschah es, daß der Sechs-Uhr-Bus sie überfuhr.